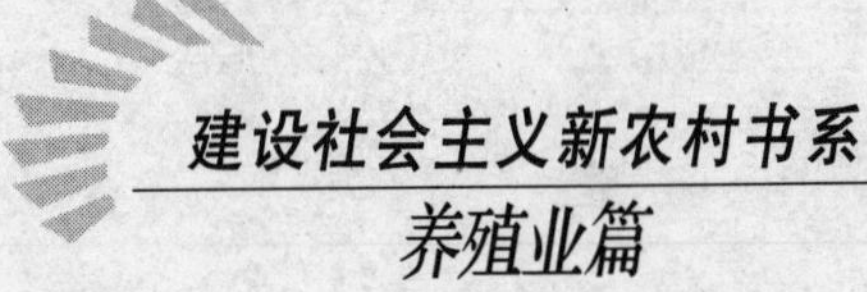

建设社会主义新农村书系

养殖业篇

建设绿色奶源基地

李易方　编

中国农业出版社
农村读物出版社

出版说明

党的十六届五中全会明确提出了建设社会主义新农村的重大历史任务，2006年中央1号文件又把推进社会主义新农村建设作为当前和今后一个时期党和政府的中心工作。按照生产发展、生活宽裕、乡风文明、村容整洁、管理民主的要求，中国农业出版社本着为“三农”服务的办社宗旨，及时策划推出了《建设社会主义新农村书系》。

中宣部、新闻出版总署、农业部和中国版协十分重视本套书系的出版工作，给予了大力支持和精心指导。本书系旨在服务“三农”上有所创新，以促进农民增收为出发点，以促进农村和谐社会建设为落脚点，真正做到贴近农业生产实际、贴近农村工作实际、贴近农民需求实际，让广大农民、农技人员和乡村干部看得懂、学得会、买得起、用得上。

本套书系紧紧围绕建设社会主义新农村的内涵，在内容上，分农业生产新技术、新型农民培训、乡村民主管理、农村政策法律、农村能源环境、农业基础建设、小康家园建设、乡村文化生活、农村卫生保健、乡村幼儿教育等板块；在出版形式上，将手册式、问答式、图说式与挂图、光盘相结合；在运作方式上，按社会主义新农村发展的阶段性，分期分批实施；在读者对象上，依据广大农村读者的文化水平和阅读习惯，分别推出适合广大农民、农技人员和乡村干部三个层次的读本。整套书系内容通俗易懂，图文并茂，突出科学性、针对性、实用性和趣味性，力求用新技术、新内容、新形式，开拓服务的新境界。

我们希望该套书系的出版，能够提高广大农民的科技素质，加快农业科技的推广普及，提高农业科技的到位率和入户率，为农业发展、农民增收、农村社会进步提供有力的智力支持和精神动力，为社会主义新农村建设注入新的生机与活力。

中国农业出版社

2006年5月

生物经济与现代奶业（代序）

李易方

（一）发展生物经济的时代意义

在呼唤人与自然和谐发展越来越高的声浪中，“生物经济”、“生物技术”正日益成为人们关注和讨论的热门话题。

上海社会科学院前副院长张仲礼先生在论述“中国经济的昨天、今天和明天”一文中指出：“21世纪是世界进入新变革的时代，这场变革表现为两股潮流：一股是以信息技术为核心的技术变革浪潮；另一股是以环境保护为特征的绿色变革浪潮。”（《文汇报》，2006年3月6日）

在“2005年上海科教兴市论坛——增强自主创新能力，提高上海城市核心竞争力”主题报告会上，国家科技部副部长刘燕华预言：未来15年，生物技术将取代信息技术目前的主导地位，成为第四产业的先锋。生物经济的主要依托是生命科学和生物技术。中国科学院副院长陈竺院士对此作了如下诠释：

“生命科学和生物技术不仅有助于人类认识自身，达到新的科学境界，更重要的是它们可能引发大的技术革命，进而带动新的产业革命，使得目前这种难以长远持续的增长方式进入到绿色的循环经济过程。”“是的，我们已经看到了这样的趋势，譬如生物技术可能催化能源的革命。据估算，全球石油能源大概还能支持 40 年，煤炭也只能维持 100～200 年（也有认为可维持 400 年）。”又说：“总的来讲，特别是石油能源的枯竭已显得紧迫。而生物技术有可能提供生物物质能源，如生物乙醇、生物柴油、生物制氢等。化石能源是不可能再生的，而生物能源是可再生的。”又说：“从我国情况看，现在面临的最大挑战，一是社会的和谐，二是人与自然的和谐。社会和谐包括城市与农村的发展、区域发展之间的和谐，其中相当部分亦涉及人与自然的关系。”“譬如中国农业的进一步发展，就面临来自资源、环境的巨大压力，如水资源匮乏和化肥农药的过量使用等。所以现在人们对转基因技术的期望，不仅仅是提高农作物产量和品质，同时要改变生态环境的效应，如推广抗旱品种，就能减少水资源消耗；若能提高作物对肥料的吸收效率，就可能减少化肥的使用；发展抗病、抗虫品种，则可减少农药使用等等。可见转基因技术极可能成为可持续农业的关键技术。”“此外，农产品深加工实际上是农产品转化过程，也是工业化的过程，而生物技术带动的加工产业、发酵产业都是其中极重要的环节。”“有关统计表明，全球生物技术产业的销售额约每 5 年翻一番，增长率高达 25%～30%，是世界经济增长率的 10 倍左右。”（摘自《文汇报》，2005 年 6 月 26 日编者按语：“第四产业”的先锋）

在建设资源节约型与环境友好型社会中，生物技术、生物经济与现代奶业的有机结合，有着广阔的领域和美好前景。

（二）生态型奶牛饲养业

建设绿色奶源基地，养好牛，产好奶，是打造绿色乳品产业链的首要环节；优良饲草饲料作物的种植更是现代奶牛饲养业的基础。

良种奶牛需要饲喂优质饲草才能实现高产。“经验证明，以秸秆为粗饲料来源的日粮，只能满足5 000千克单产水平的奶牛营养需要。使用青贮玉米，饲喂普通干草或羊草，奶牛单产通常只能停留在7 000千克左右水平。而精料用量过多，青贮玉米饲喂量过高，则容易发生酸中毒，只会缩短奶牛使用寿命，降低经济效益。要想达到8 000千克以上高产水平，必须饲喂苜蓿等优质干草加青贮玉米。”（摘自陈新著:《中国奶业呼唤苜蓿产业的发展》）没有发达的草业就没有发达的奶牛业。当今世界一些奶牛业发达的国家，几乎无一例外地都是以发达的草业生产与供应为基础条件的。美国牧草面积占作物面积的 21%，荷兰占 33%，新西兰高达97%（占使用国土面积）。草地在保持生态平衡，优化自然环境方面的作用更是无可替代的。

为了解决奶畜粪便污染环境问题，沼气技术的推广利用已受到越来越多的人们所重视。利用奶牛粪便发酵既可生产沼气及有机复合肥，沼液还可用于防治病虫害（红蜘蛛、蚜虫），无污染，无抗药性，而被称为“生物农药”。“避免环境污染＋绿色能源＋生物农药＋绿色食品”，实现良性循环，可谓一举数得。

奶牛良种的选育和推广，原料奶质量的提高，更需要先进生物技术的应用，诸如精子鉴定、胚胎移植、转基因技术的研究和合法利用等，都正在或可能日益发挥着促进奶业高产、优质、高效的作用。

在疫病防治方面，使用疫苗替代抗生素防治奶牛乳房炎，以及其他高效生物药品替代化药防治奶牛常见病、多发病等，也越来越受到人们的关注。

（三）生物技术在乳品加工业中的应用

在乳品加工领域，酸奶、奶酪以及乳酸饮料等发酵乳制品的生产供应，随着人们对健康食品、风味食品的选择，正呈现节节上升的趋势。国际市场上，酸奶的年平均增长率为20%左右。关于酸奶的生产和消费发展趋势，过去大家已经谈得比较多，这里拟着重就奶酪的市场需求和生产供应方面的若干情况作一些介绍：

10千克鲜奶加工成1千克奶酪，是牛奶精华的浓缩，因此奶酪被誉为乳品中的黄金。以切达干酪为例，其蛋白质含量为鲜奶的8.5倍，钙含量是鲜奶的3.6倍；奶酪中共轭亚油酸、鞘磷酸、丁酸和豆蔻酸有防癌和提高人体免疫系统机制的作用。其乳糖含量低，较适应一部分乳糖不耐症的人食用。奶酪的品种不下2 000种（较为著名的有400种左右）。目前发达国家六成以上的鲜奶用于奶酪加工。而我国目前干酪的生产和消费量还未形成规模，但发展潜力巨大。（资料来源：曾寿瀛主编《现代乳与乳制品加工技术》，凌汝鑫著：《奶酪——乳品差异化的新天地》）

据悉：日本、韩国都曾经以举办奥运会、世博会为契机，促进国内奶酪生产快速增长。日本分别在1964年和1970年先后举办奥运会和世博会，奶酪的产量从1962年的5 000吨增长到1972年的40 000吨，十年间增长了8倍，现已达到年产25万吨，人均2千克/年。韩国分别在1988年和1993年举办奥运会和世博会，奶酪的产量从1984年的296吨增加到2000年的43 000吨，16年间增长了145倍。（资料来源同上）

我国人民的消费习惯正在改变，在乳及乳制品的消费中，奶酪逐渐为越来越多的人们所接受。肯德基、麦当劳、必胜客等洋快餐市场走红，特别在大城市洋快餐中必要的奶酪，已经悄悄地被众多消费者，特别是年轻一代的消费者所喜爱。奶酪进口量剧增。据统计，2002 年我国进口奶酪 2 533吨，比上年增长 25%；2003 年进口4 614吨，比上年增长 82%；2004 年进口7 250吨，比上年增长 57%。我国目前年消费奶酪数量 1 万多吨，半数以上依靠进口。另外，我国每年进口乳清（粉）的数额也很大，用于生产乳饮料及婴幼儿奶粉的配料；如果国内奶酪加工业发展起来，其副产品——乳清（粉）将可逐步替代进口。

中国奶业协会副理事长王怀宝说："中国乳业还是得靠产品竞争，乳制品不能满足于同类产品同质竞争，要开发新产品，发展干酪正当其时。"

近日获悉：国内首个干奶酪生产基地在重庆渝北农业园正式动工兴建。商家称，我国将在 2008 年、2010 年相继举办奥运会和世博会，该项目 2006 年底投产后将直接送北京各大超市和卖场，与洋奶酪抢夺市场。据投资商重庆三高乳业公司介绍，2005 年 4 月，国家发改委正式立项"奶酪奥运"项目，该项目总投资 1.28 亿元，由国家补贴 30%。项目建成后，可日加工鲜奶 100 吨，日产干奶酪 10 吨。目前国内市场洋奶酪的售价为 100 克 30 元，而三高的产品定价仅为其 50%左右。（资料来源：《中国乳业信息》，2006 年第 1 期）

另据报道：光明乳业也不甘人后，正在兴建中国奶酪生产示范加工厂，生产再制奶酪。选址在上海奉贤区燎原牧场永安乳业公司乳品加工厂。目前正在进行车间改造，待设备到位，安装投产之后，光明的奶酪将改变过去一味依靠进口，供应链过长的局面，不仅大大改观产品的新鲜度，还将拥有自主开发创新的能力，从而提高光明奶酪产品的市场竞争力。（资料来源《奶业信息》，2006 年第 1 期）

之外，值得一提的是益生素（菌）在乳品加工及奶牛饲料中的应用和研究也取得了可喜的进展。

（四）发展生物经济促进奶业转型

“十五”期间，我国奶业的发展取得重大成就。预计 2005 年全国奶类总产量达到 2 860 万吨，比 2000 年增长 209.6%，人均占有奶量 21.7 千克，是 2000 年的 3 倍，产品结构调整优化初见成效。由于市场竞争激烈，价格波动，一部分中小乳品产业亏损倒闭，奶牛饲养业效益有所回升；区域之间发展不平衡，情况不一。

由于奶业超常规发展，生产、加工和消费领域不相协调的矛盾日益显现。最突出的问题是，奶牛饲养业基础设施薄弱，良种良法不配套，管理水平落后，单产水平低。全国成年母牛年平均产奶量仅 3 700 千克左右，与世界平均单产 5 500 千克的水平还有较大差距。在日益激烈的全球化市场竞争中，迫使我国奶业必须从源头抓起，加快奶牛饲养业从传统粗放型经营向现代化集约型经营转变，为实现奶业优质、高产、高效、安全、生态的发展目标打好基础。这就是强调转型期的我国奶业务必着力发展生物经济，充分运用生物技术的经济社会背景。

由于内容涉及的面比较广，在此拟着重阐述一下关系生物经济的主要问题——促进农作物由传统的“粮食作物—经济作物”二元结构向“粮食作物—经济作物—饲料作物”三元结构进行调整和转变的问题。

多年以来，呼吁变农作物“两元结构”为“三元结构”的声浪很高，并且在一些试点工作中取得了成功的经验；但是，从全局看来，距离现代化农牧业发展的要求尚远，所以今后务必从以下几个方面加倍努力：

第一，要在转变传统观念方面下大功夫。据专家测算，我国目前畜禽及水产养殖业年需蛋白饲料的缺口在5 000万吨左右。随着人们生活水平的提高，肉、蛋、奶和水产品的消费不断增加，粮食作为饲料的比重将越来越大。另一方面，随着草食家畜，特别是奶畜的大量增加，对牧草的需求也越来越高，如果不大力发展高产优质的饲草饲料，而继续以粮代草，其结果是既浪费了粮食，浪费了资源，又加大了养殖成本，降低了饲料报酬和经济效益。这里不妨再以种植紫花苜蓿、青饲料玉米与种植粮食所得的效益作简要的对比：每公顷紫花苜蓿比小麦多产 4.7 倍干物质、8 倍蛋白质；其根部着生的根瘤菌能够将空气中游离氮素转化为氨态氮，每年可在土壤中固定游离氮素 300～900 千克；种植 3 年以后的苜蓿茬地，每公顷可遗留干根3 750～9 000千克，使土壤中的有机物增加；下茬粮食作物，如果种植小麦，可增产 17%～43%。而且紫花苜蓿根系发达，有良好的保持水土、防止冲刷的作用。作为粮食来种植的玉米，每 666.7 平方米可产籽实 225 千克、秸秆 500 千克，其主要营养成分为：可消化总养分 343.6 千克，内含可消化粗蛋白质为 21 千克、胡萝卜素 3.4 克。种植青贮饲料玉米，每 666.7 平方米可产籽实及秸秆3 000千克，内含可消化总养分 495 千克，其中可消化总蛋白质 39 千克、胡萝卜素 105 克。使用紫花苜蓿饲喂奶牛还有增加原料奶中的脂肪、干物质，减少体细胞含量，取得原料奶优质优价的效果。同样，青贮玉米也具有适口性好、消化率高的效果，值得提倡。尤其随着全混合日粮饲喂技术（TMR）的推广应用，更离不开优质牧草和青贮玉米的生产供应。有关这方面的科普宣传工作仍需大大加强，以提高广大干部和农民的认识，自觉提高种植优良饲料饲草作物的积极性，不再因袭“两元结构”的传统习惯。

第二，要在科技入“区”（奶牛养殖小区）入户方面下苦功夫。耕作制度与饲养方法改革的落实，必须科技先行，既要培训农民，更要先培训干部，使有关人员都能掌握技术，会说会做，干群协手，才能把调整优化作物种植结构与改进饲养技术的工作落到实处。而且，务必持之以恒，随着情况的变化，及时给以辅导，调整耕作方法和饲料配方，认真做到措施配套，良种良法有机结合，才能取得最佳效益。目前全国已经建立奶牛养殖小区近2万个，应当更好地利用这一载体，加速应用科学技术的推广和普及，使科技进步对中国奶业贡献率在50%左右的基础上再跨上新的台阶。

第三，要在加大扶持力度方面下真功夫。为了保证建立安全优质高效的饲草饲料生产体系，国家农业部、科技部等均有所考虑和安排，并在“十一五”规划中出台或即将出台新的措施，希望这些重点项目能够得到相关部门和地方政府的密切配合，协调行动，层层落实，继续加大宏观调控力度，充分调动企业及社会各方面投融资的积极性，促进实施三元种植结构，建设更多更好的绿色奶源基地。对种植专用青贮玉米最好视同种植粮食作物予以补贴。在牧区，要继续贯彻落实退耕还林还草、休牧还草的方针政策，并因地制宜从事牧草飞播改良、围栏封育和人工种草，为推行家畜舍饲半舍饲打好基础。为了尽早改变奶农这一弱势群体的地位，还应当在提高组织化程度方面多下功夫，扶持建立符合我国国情的专业合作经济组织（包含股份合作制性质的奶牛养殖小区），通过“龙头企业＋合作组织＋农户”的架构，建立和完善企业与奶农之间的利益联结机制，做到利益分享、风险共担，切实体现农民在市场经济中的主体地位，并不断增强扩大再生产的实力。要保持政策的稳定性，建立长效机制。

毋庸讳言，大家议论得比较多的话题，即“至今政府统计部门还没有‘饲料’独立的统计数据”问题（中国工程院院士卢良恕语），也值得早日研究改进。

第四，要在开展草产品产业化经营方面下细功夫。2004年全国新增种草面积778.28万公顷，累计全国种草保留面积2 539.69万公顷，创历史最高水平。在新增种草面积中，紫花苜蓿为83.6万公顷，占的比重最大；全国紫花苜蓿保留面积达到368.7万公顷，为上个世纪末的1.9倍。由于政策因素的影响，2005年新疆、河北等省（自治区）苜蓿种植面积缩减60余万公顷，值得密切重视。苜蓿种植基地正在加速形成，苜蓿产业化经营正处于起步阶段，但已经成为人们关注的热点。今后如何在土地家庭承包经营权长期不变的基础上，按照“依法、自愿、有偿、互利”的原则，扶持“龙头企业”，开展合同制合作联营、规模化种植，机械化生产加工设备配套，完善营销网络，开拓“北草南运”以及外销渠道等等，都是应有之义。同时，苜蓿生产高新技术的研究和利用，将大有作为。据《中国牧业网》报道，苜蓿雄性不孕株系正在我国育成，三系配套的杂交优势，将用于生产；含硫氨基酸转基因苜蓿已获得株系，苜蓿作为生物反应器生产珍品也有可能。产学研结合，现代信息的运用等将为苜蓿产业发展提供无限生机。

生物技术、生物经济与现代化奶业的有机结合，良性互动，方兴未艾。值得引起注意的是，在农业产业结构调整中，既要促进粮食增产，又应鼓励扩大优质牧草的种植和开展草业产业化经营；希望政府在实行粮食直补政策的同时，妥善兼顾优化饲草饲料结构方针政策的有效落实，以免顾此失彼。

2006 年 3 月

目录

一、综合论述

二、发展生态奶业

三、改革经营管理方式

四、相关标准、法规

一、综合论述

发展“绿色农业”的重大战略意义

何康　郭书田　刘连馥

“绿色农业”的概念，是中国绿色食品协会在 2003 年 10 月召开的“亚太地区绿色食品与有机农业市场通道建设国际研讨会”上首次提出来的，同时建议建立区域性“绿色农业”组织——“亚太地区绿色农业联盟”，开展国际合作，推动“绿色农业”的理论研究和实践。这一倡议得到与会各国代表和联合国亚太经社理事会的赞同。会后，中国绿色食品协会和中国绿色食品发展中心成立了《绿色农业基本理论的研究与探讨》课题组，由中国农业科学院、中国科学院、中国工程院、中国社会科学院以及中国农业大学等单位的有关学者参加，列入中国社会科学院软科学重大研究课题和中国科学院农业项目，开展了“绿色农业”的研究。经过一年多的努力，初步完成了《绿色农业基本理论的研究与探讨》的报告，并在此基础上由中国绿色食品协会名誉会长卢良恕院士等学者提出《关于绿色农业科学研究与示范基地建设的建议》，报送国务院回良玉副总理。回良玉副总理批示：“绿色农业的研究和示范工作，是探索以新的发展模式和新的经营理念来促进农业发展，提高农产品竞争力的实践。望科学安排，精心组织，以取得实效。请发改委、农业部、财政部、科技部等有关部门关心和支持中国绿色食品协会办好此事。”接着，《绿色农业初探》问世（中国财政经济出版社），并编制了“绿色农业示范区建设纲要”、“绿色农业攻关项目建议书”。中国绿色食品协会召开了由国家有关部门的领导同志和科研单位与高等院校的专家参加的推进“绿色农业”的座谈会，得到大家的一致赞同和支持。

“绿色农业”的概念，是在总结我国发展绿色食品多年实践经验的基础上提出来的，即源于各地发展绿色食品的实践。自 1990 年推行绿色食品以来，绿色食品有了长足的发展。截至 2004 年底，全国绿色食品企业总数达到2 836家，产品总数达到6 496个，实物总量4 600万吨。产品国内年销售额 860 亿元，出口额 12.5 亿美元；环境监测的农田、草场、林地、水域面积 596 万公顷。在三批 582 家国家级农业产业化龙头企业中，绿色食品企业有 220 家，占 37.8%；在各地省级龙头企业中，绿色食品企业超过了 40%。建立了相应绿色食品标准监测与认证系统。绿色食品已有相当的规模，积累了许多经验，为研究“绿色农业”提供了实践的基础。

“绿色农业”是在总结我国生态农业发展经验的基础上提出来的。我国生态农业是著名经济学家许涤新教授最早在 20 世纪 70 年代提出“生态经济”的理论指导下产生和发展起来的。生态农业由生态村—生态乡—生态县组成，具有起步早、发展快、规模大、效益好的特点。在有关学者和专家研究的基础上，在国务院直接领导下，由农业部、原林业部、水利部、原国家计委、原国家科委、国家环保局等部门成立了生态农业县建设领导小组，先后有 100 多个县分批推进了生态农业县建设，为绿色农业的发展奠定了坚实基础。

"绿色农业"是在吸收国际经验的基础上提出来的。20世纪50年代以来，由于"石油农业"带来的负面影响，在欧美与日本等一些国家，实行"替代农业"，包括自然农业、有机农业等，他们发展"类绿色农业"产品。据国际贸易中心（ITC）1999年报告，美国、欧洲和日本的"类绿色农业"产品的市场交易额为110亿美元。据联合国粮农组织（FAO）预测，日本等国家未来的"类绿色农业"产品销售额年增长率在20%以上。联合国工发组织、中国投资与技术促进处绿色产业专家委员会，与地方政府和企业合作，在我国各地设立20多个以农业为主的绿色产业示范区（园），为绿色农业的发展积累了成功的经验。

中国是个农业大国，农业有悠久的历史，创造了优秀的农耕文化，积累了丰富的经验。在由农业文明转向工业文明的过程中，吸收西方现代农业技术，包括培育动、植物的优良品种，使用矿物质营养肥料以及农业机械等，有力地促进了农业的发展，提高了农业的劳动生产率和土地产出率。但是也出现了农业生态环境严重恶化的负面影响。在这种历史背景下，一些从事生态学和生态经济学的学者以及农业科技工作者，研究和吸收国际上的科技成果，结合中国的实际，探索新的农业发展思路。

绿色象征着和平、和谐和生机。"绿色农业"的理论基础是生态学和生态经济学，"绿色农业"是遵循人与自然和谐的原则，把我国传统农业的精华与现代先进的科学技术有机地结合起来，使植物、动物、微生物融为一体，形成安全、优质、高效和良性循环的生产经营的体系。"绿色农业"涵盖农林牧渔的农业生产、加工、流通、消费的全过程，涉及经济、生态、社会、文化等诸多领域。"绿色农业"是个系统工程，能够体现以人为本的科学发展观和建立和谐社会的目标，不仅是建设现代农业的必由之路，而且也是实现农业可持续发展和农业生态系统平衡的根本途径。中国由于人口多、底子薄、资源与环境压力大，发展“绿色农业”更具有特殊的重大意义。

第一，“绿色农业”与“可持续发展”。1992 年联合国在巴西召开的世界首脑会议上提出实行“可持续发展”的战略，制订了《21 世纪议程》，我国在会上作了实行“可持续发展”的承诺，并率先制订了《中国 21 世纪议程》，受到了联合国的好评。我国还把控制人口与保护环境作为两项基本国策，成为实现“可持续发展”的重要内容。由于农业是国民经济的基础，发展“绿色农业”对于实现整个国民经济的可持续发展（称之为“绿色经济”），具有特别重要的作用。美国学者莱斯特·R. 布朗在《生态经济》与《B 模式》两本著作中，把以牺牲资源与环境为代价而使经济高速增长的不可持续的发展模式称之为“A 模式”，提出应以可持续发展的“B 模式”替代“A 模式”，并以此作为“拯救地球，延续文明”的重大举措，受到国际社会的广泛关注，也引起我国学术界的高度重视。我国由于人口压力大和不适当的开发，农业的生态环境长期处于超负荷状态，造成基础脆弱、后劲不足、抗灾能力下降，是国民经济中的最薄弱环节。农业生态环境恶化，包括水土流失和荒漠化、草原的超载过牧引起的“三化”（沙化、退化、碱化）、工业的“三废”（水、气、渣）污染、农业本身的点面源污染等，成为“可持续发展”的重大障碍因素。推行“绿色农业”就是要把保护资源与改善生态环境放在首位，消除这些障碍因素，为真正走上“可持续发展”的轨道创造条件，使“绿色农业”成为资源节约型农业和集约化农业。

第二，“绿色农业”与“小康社会”。党的十六大提出：“统筹城乡经济社会发展，建设现代农业，发展农村经济，增加农民收入，是全面建设小康社会的重大任务。”全面建设小康社会的重点在农村，难点也在农村，没有农村的小康，就不可能有全面的小康。在农村建设小康社会，就要在统筹城乡经济社会发展的前提下，解决好“三农”问题，也就是要建设现代农业，发展农村经济，增加农民收入。没有农业的现代化，就不可能实现全国的现代化。而建设现代农业必须是以“绿色农业”为前提，不能是以牺牲资源与环境为代价的“现代农业”。发展农村经济主要是通过延长农业的生产链，由生产初级产品经过加工变成最终产品，形成生产、加工、销售三者一体化的产业化经营，而农产品的生产又是农业产业化经营的基础。通过推进农业产业化经营，使农业提高劳动生产率和增值效益，吸纳农业劳动力，增加农民收入，是全面建设小康社会的物质基础。“绿色农业”就要为促进农业生产、加工、销售的一体化（包括建设绿色生产基地、兴办绿色加工企业、建立绿色流通通道等），提高农产品加工率和加工业产值与农业生产值的比率，加速农村工业化进程，从而为实现全面建设小康社会的目标，奠定良好的基础。党的十六届五中全会提出的建设社会主义新农村的任务为：生产发展，生活宽裕，乡风文明，村容整洁，管理民主。“绿色农业”在实现这个目标中肩负着重大任务。

第三，“绿色农业”与“农业安全”。农业安全包括粮食安全、食品安全和生态安全三项内容。粮食与食品安全既要有数量的保证，能够满足城乡居民不断增长的需求，更要有质量的保证，包括目前正在推行的无公害农产品、绿色食品和有机食品。生态安全主要是消灭农业的“生态赤字”，实现农业的“生态平衡”。“绿色农业”就是要在改善生态环境的前提下，使粮食和食品生产的全过程实现三个零，即零公害、零污染、零废弃物，农业的 GDP 是绿色 GDP（扣除资源与环境损失成本），形成农业经济的良性循环。中国的农业资源十分丰富，物种繁多，是全球最大的生物基因库。“绿色农业”必须以保护生物基因库为己任，防止流失，同时还要防止外来生物的入侵。目前生物物种的流失和外来生物入侵两方面都存在严重问题，亟须引起高度重视，并采取强有力措施。为此，需要严格实行标准化管理，建立和健全动植物良种繁育系统、各种农产品的质量与环境的检测与监测系统、动植物检疫与防疫系统等，严格执行 ISO9000 的产品质量标准、ISO14000 的环境质量标准和 HACCP 的控制标准，与国际接轨。

第四，“绿色农业”与“科教兴农”。农业问题最终要依靠科技进步与提高农民素质解决。科技是第一生产力，近些年来农业的发展，科技进步起了关键作用。但目前农业的科技贡献率还不高（45%），农业科技成果转化率很低（30%），农业资源的浪费大，土地、水、肥料等重要生产要素的流失严重，农业基本上处于传统农业的状态。推行“绿色农业”就是要进一步把传统农业转为可持续发展的现代农业，即把农业转移到依靠科技进步与提高劳动者素质的轨道上来。为此，要健全农业科技推广与服务体系建设，在政府的支持下，鼓励高等院校与科研单位的科技人员面向农村，把科研成果转化为生产力。大力推广生物技术，包括新的育种技术、生物肥料、生物农药、生物防治、生物净化环境以及生物质能源等，以提高农产品竞争力和农业的总体水平，缩小与国际先进水平的差距，并在基本满足城乡居民不断增长的需要条件下，增加出口，利用两种资源和两个市场，实现农业的良性循环。

第五，“绿色农业”与农业功能多元化。发展“绿色农业”必将促进农业功能由单一的物质生产功能转变为多元化的功能。一是经济功能，以满足人民物质需要为主要目标；二是生态功能，除了农业和农村要有良好的生态环境外，还要为城市提供绿色的生态屏障；三是保健功能，除了生产安全而又有营养的食品外，还要发展中草药，为提高城乡人民健康水平提供保证；四是能源功能，使微生物—植物—动物融为一体，利用微生物发酵使人畜粪便、农作物秸秆和生活垃圾产生沼气，为农民提供生活能源，改善农村生活环境，提高农民生活质量；同时调整种植业结构，发展能源作物（如甘蔗、甜高粱、木薯、玉米、甘薯等），生产生物柴油，提供可再生的生物质能源，为补充、调整以石油能源为主的能源结构开辟新途径；五是文化功能，满足城乡人民精神生活的需求，包括旅游农业、观光农业、休闲农业、度假农业等，如各地出现的“农家乐”等，感受“绿色农业”的优越性。

21世纪是实现生态革命与建立生态文明时代，发展“绿色农业”实质是一场新的产业革命和技术革命，是人类进入生态文明时代的重要标志，面临着新的良好机遇。党中央提出以人为本的科学发展观、建立和谐社会、统筹城乡经济社会发展、改变城乡二元结构、“三农”是全党和政府全部工作的重中之重、工业反哺农业和城市支援农村等，为发展“绿色农业”提供了极为重要的政策环境。国家采取退耕还林、退田还湖、退牧还草以及治理污染、保护环境等重要举措，为发展“绿色农业”创造了有利条件。我们一定要抓住机遇，以县域为单元，总结实践经验，把“绿色农业”推向新阶段，扩大覆盖面，取得更大的效益，造福子孙后代。

注：生态学是研究生物（包括植物、动物、微生物）之间及生物与非生物生态环境之间相互关系的学科。

生态经济学是研究生态环境与经济发展之间相互关系的学科。美国学者莱斯特·R. 布朗认为，生态经济是能够满足我们的需求而不会危及子孙后代满足自身需求前景的经济。（布朗：《生态经济》，东方出版社）

生态系统是指生物之间、生物与非生物之间存在互相依存和制约的关系。生态平衡是指生物之间以及生物与非生物之间在物质循环与能量交换中，保持相对的平衡状态。

（作者：何　康　农业部原部长；
郭书田　农业部原政策体改法规司司长；
刘连馥　中国绿色食品协会会长）

2006 全国农业工作会议畜牧兽医专业会议——侧记

2005 年 12 月 27 日，“2006 全国农业工作会议畜牧兽医专业会议”在北京召开。农业部副部长尹成杰，农业部兽医局局长、国家首席兽医师贾幼陵，农业部畜牧业司司长沈镇昭，农业部畜牧业司副司长张仲秋、宗锦耀、张喜武，农业部兽医局副局长李金祥、张弘、李长友出席会议。

会上尹成杰副部长发表重要讲话，对“十五”期间我国畜牧兽医工作取得的成绩和经验进行了充分肯定，分析了当前畜牧兽医工作面临的新形势和新任务，提出了“十一五”畜牧兽医工作目标任务、基本思路和主要措施。

预计 2005 年，肉、蛋、奶产量分别达到7 650万吨、2 845万吨和2 860万吨，我国畜牧业产值将达13 000亿元，“十五”年均增长率超过 10%，占农业总产值的比重将接近35%。畜产品质量安全水平稳步提升。“十五”期间通过无公害畜产品产地认证的有3 526个，通过无公害认证的畜产品有1 841个，涉及企业1 600家。

饲料工业出现快速发展。“十五”期间饲料工业年均增长 7%左右。预计 2005 年，饲料产值超过2 600亿元，产品产量将突破 1 亿吨大关。草原保护建设步伐加快。截至2005 年，种草保留面积超过 0.27 亿公顷，草原围栏超过0.33 亿公顷，禁牧面积超过 0.33 亿公顷；有2 000多万头牲畜从天然放牧转为舍饲圈养。目前，全国从事畜牧业生产的劳动力达 1 亿多人，全国农民人均收入净增部分来自畜牧业收入约占 40%，此外，畜牧业的发展，也带动了饲料工业、畜产品加工、兽药等产业的发展，相关产业总产值超过 8 000亿元。

2005 年，我国突发重大动物疫情应急机制得到进一步完善，重大动物病疫综合防控措施不断强化。兽药监管工作稳步推进，2005 年共完成 570 多家兽药生产企业 GMP 检查验收。撤销产品批准文号 60 个，查处了内蒙古生物药厂禽流感假疫苗案和 13 家科研教学等单位制售假疫苗案件。

贾幼陵局长就 2005 年我国兽医工作取得的成就和经验以及 2006 年兽医工作的基本思路作了报告。

报告指出，2005 年是我国兽医工作全面发展和取得显著成效的一年。一年来，各级兽医部门坚决贯彻党中央、国务院的一系列决策部署，全力防控重大动物疫病，积极推进兽医管理体制改革，建立健全兽医工作长效机制，全面提升动物疫病防控能力和兽药监管能力。

根据国务院《重大动物疫情应急条例》和《国家突发重大动物疫情应急预案》，各级兽医部门制定完善了高致病性禽流感等重大动物疫病应急预案，明确了工作程序。全国动物疫情报告网络进一步健全，31 个省份均建立了村级疫情报告观察员制度，全国已设立 63.5 万名村级疫情报告观察员。动物疫情核查举报力度进一步加大，10 月份以来，农业部对各地群众举报的 164 起疫情进行了认真核查。及时完善和调整免疫政策，加大免疫力度。通过采取免疫、封锁、隔离、扑杀、消毒以及无害化处理等综合防控措施，迅速扑灭了 2005 年以来发生的 31 起高致病性禽流感疫情，有效防堵了朝鲜、越南等周边国家 H7、H5 高致病性禽流感疫情的传入；亚洲Ⅰ型口蹄疫疫情扩散蔓延的趋势得到有效遏制；成功控制了猪链球菌病疫情；有效防止了疯牛病等重大外来动物疫病的传入和发生。

兽医管理体制改革取得积极进展。国务院《关于推进兽医管理体制改革的若干意见》出台后，各地兽医主管部门加大工作力度，积极协调编制、财政等有关部门，一些地方兽医管理体制改革取得明显成效。

兽药监督管理工作稳步推进兽药生产实施 GMP 管理工作取得积极进展。2005 年共完成 570 多家兽药生产企业 GMP 检查验收。对兽药生产企业实行飞行检查和驻厂监督制度，全面实行批签发制度，保证了疫苗质量，满足了重大动物疫病防控工作的需要。组织开展全国兽药市场专项整治活动，派出检查组赴四川、广东等 23 个省（市）进行兽药执法专项检查。实施兽药质量跟踪抽检制度和抽检报告制度，严厉打击制售假劣疫苗等违法行为。全年共通报不合格产品2 191批，重点监控企业 57 个，撤销产品批准文号 60 个。

兽医实验室生物安全监管力度加大，完善了兽医实验室生物安全管理制度，制定了《高致病性动物病原微生物实验室生物安全管理审批办法》、《动物病原微生物分类名录》、《高致病性动物病原微生物菌（毒）种或者样本运输包装规范》、《国家兽医参考实验室管理办法》等配套规章。加强了兽医实验室生物安全监督检查制度。同时，加强兽医法制和动物防疫体系建设，修改完成了《动物防疫法修订草案》和《兽医器械管理条例》，并已列入国务院法制办 2006 年立法计划；制定了兽医事业发展“十一五”规划；《全国动物防疫体系建设规划》下达投资近4亿元，加强了动物防疫设施建设。

2006年，兽医工作的基本思路是，以有效防控重大动物疫病和保证动物产品安全为中心，以实施“禽流感等重大动物疫病防控行动”为主线，建立兽医工作长效机制，积极推进兽医体制改革，加快兽医工作法律体系、科技支撑体系和物资保障体系建设，加大检疫监督和兽药监管的执法力度，提高重大动物疫病综合防控能力和动物产品卫生安全水平。第一，切实加强重大动物疫病免疫工作；第二，加强重大动物疫情预警预报；第三，提高重大动物疫情应急处置能力；第四，继续推进无规定动物疫病区建设；第五，进一步加强动物卫生监督执法；第六，大力加强兽药质量专项治理；第七，加快推进兽医科技进步。

沈镇昭司长作畜牧业工作报告，总结了“十五”我国畜牧业的发展成就和经验，明确了“十一五”畜牧业的发展思路和目标任务。“十五”期间，我国畜牧业生产持续增长，超额完成“十五”规划目标；畜产品质量稳步提升，良种覆盖率进一步提高；畜产品结构不断调优，畜牧业生产区域布局趋向合理；畜牧业规模化水平有所提高，规模化养殖小区已达4万多个；饲料工业快速发展，产量突破1亿吨大关；草原保护建设步伐加快，生态环境明显改善；畜牧业成为农民增收重要来源，带动相关产业快速发展。

我国畜牧业面临着以下几点突出问题：①畜牧业生产方式落后，一些地方人畜同院和畜禽混养比较普遍；②投入严重不足，畜牧业基础设施薄弱；③畜产品质量安全存在隐患，违法使用禁用药品和滥用兽药现象时有发生；④饲料供需缺口较大，饲料资源利用不充分和蛋白饲料短缺并存；⑤

草原超载过牧，一些地方畜牧业发展和生态环境保护的矛盾加剧；⑥重大动物疫情形势严峻，对畜牧业发展构成威胁。这些问题严重制约着我国畜牧业的持续健康发展。

报告还明确了“十一五”我国畜牧业发展的指导思想，畜牧业发展的总体目标和主要任务。

参加本次会议的还有各省、市、自治区、直辖市畜牧局等农业事业单位人员共100余人。

（作者：《中国畜牧杂志》记者）

我国奶牛饲料业的现状及发展对策

刘成果

（一）奶业是大有希望的产业

进入新世纪，我国奶业步入快速发展阶段。2000年以来，我国奶类产量年均增长率都在两位数以上，截至2004年，全国奶类产量2 368.4万吨，奶牛存栏1 108万头，5年间，乳品业成为食品工业中成长最快的产业，奶牛业占畜牧业的比重迅速增加，人均奶的占有量也由1999年的7千克增加到2004年的18千克。奶业在农村经济及整个国民经济中的地位日益提高。奶业成为近几年我国农村经济的新亮点。

大力发展奶业，生产营养、安全、多样化的乳和乳制品，引导人们增加乳和乳制品消费，改善膳食结构，是增强国民身体素质的根本途径。目前我国人均奶的占有量不足世界平均水平的1/5，亚洲平均水平的1/2，差距就是潜力，需求拉动发展。最近《中国奶业发展战略研究》成果表明，居民人均奶类消费水平的提高，与人均GDP的增长密切相关，其相关系数达到0.935（最大相关系数为1）。另一项研究成果表明，居民收入每增长1%，城镇居民乳制品消费就会增长0.67%，农村居民也会增长0.27%。目前在动物性食品中，乳制品需求弹性系数是最大的，是最具有成长性的。按此需求增长，到2020年，我国奶类人均占有量将达到亚洲平均40千克的水平，奶类总产量将超过5 000万吨，即可位居世界第三位，仅次于印度、美国，步入世界奶业大国的行列。由此可以看出中国奶业发展大有潜力，大有希望。

（二）奶牛业是经济、节粮、高效型的养殖业

保障粮食安全是我国面临的一个长期战略任务，而尽快实施人畜分粮是保障粮食安全的重要途径，在这方面牛羊有着独特的优势。我国可用做牛羊饲料的青粗饲料资源种类较多，饲草和酒糟、果渣、甘蔗渣、秸秆等含有可被反刍动物利用的纤维素和半纤维素，是奶牛大有潜力的饲料资源，我国目前农作物秸秆年产7亿多吨，其中玉米秸、甘薯蔓、大豆秸、花生秧等可以用来补充奶牛粗饲料的不足，以往这些资源被作为燃料烧掉或被丢弃，造成资源大量损失并污染环境。现在，大力发展奶牛业，可充分利用我国丰富的粗饲料资源，通过牛羊发挥其瘤胃特殊的"生物转换器"功能，将利用率低的农作物秸秆，转换为营养价值全面丰富的牛奶，不仅增加了农民的收入，还减少了环境污染，实现了养牛者富，饮奶者健，既有经济效益，又有社会效益。

从节粮角度看，奶业节粮效益明显。生产1千克牛奶只需0.4～0.5千克精料，生产1千克可食的猪肉、牛肉、羊肉分别需精料10～12千克、5.6千克、4.0千克，而生产1千克活重的肉鸡也需用2.3～2.6千克精料。从转化的营养物质来看，奶业也优于其他养殖业。牛奶每增加1克蛋白质，需增加精料10～12克；而猪肉、牛羊肉分别需增加20～25克、30～35克。

从饲料转化率看，奶牛能将饲料中能量的 20%，蛋白质的 30%～40%转化到奶中，用 1 千克饲料喂奶牛比喂猪所获得的蛋白质高 1 倍以上。可见，在我国人均耕地有限、粮食供求紧张、蛋白质饲料资源短缺的情况下，发展奶牛养殖业，以较少的精料投入换取更多的动物蛋白，就成为畜牧业结构调整最现实的选择。

（三）奶牛饲料是饲料业中最薄弱的环节

一是奶牛专用饲料产量不足。尽管我国饲料工业发展势头强劲，饲料品种、质量及效益有较大的提高，但奶牛专用饲料却是薄弱环节。现阶段我国奶牛饲料主要依靠精饲料、作物秸秆及天然牧草，而奶牛精饲料中主要的能量饲料玉米近几年都存在2 000万吨以上的供应缺口。到 2015 年即使不考虑其他畜禽生产增长需要增加的玉米，要实现奶类产量年平均增长目标，仅奶牛每年就需增加玉米供给 900 多万吨。预计到 2015 年，玉米国内供应的缺口将进一步加大，每年达到3 000 万～4 000万吨，对进口的依赖度将进一步增强。奶牛专用蛋白质饲料也存在同样的问题，预计 2015 年我国饼粕总需求量将比 2003 年至少增加1 200 万～1 800万吨，总需求量预计将达到 2 800 万～3 200 万吨，而届时国产豆粕供应量仅为 850 万吨左右，缺口将每年高达2 000万吨以上。优质牧草和饲料作物也十分缺乏，研究表明，优质牧草营养丰富，种植 1 公顷苜蓿草比种植 1 公顷粮食作物约增产粗蛋白1 050千克。作为专用青贮玉米，每公顷可消化总养分、可消化粗蛋白、胡萝卜素含量分别是粮食玉米的 1.44、1.86 和 30.88 倍。随着我国奶牛业的进一步发展，对优质牧草和饲料作物的需求将更加明显。

二是奶牛饲料搭配不合理。我国的奶牛饲料组成不科学，有些地区完全放牧、有些地区粗料仅以秸秆为主，有的地区精料所占比例甚至高达70%～75%。这就造成全国奶牛年平均单产只有3.5吨，而且乳脂肪和蛋白含量明显低于国外水平。在奶牛精料构成方面，各国之间没有太大的区别，但在粗饲料方面，美国和加拿大主要以优质苜蓿干草和青贮料为主，通过青贮可以提高饲料30%～50%的利用效率，而且适口性好，消化率高。我国大多数地区的奶牛饲料中能量有余，蛋白质饲料单一，矿物质、微量元素和维生素严重缺乏，造成饲料转化效率低，奶牛发生营养代谢病的几率较高，利用年限短，淘汰率高，影响奶牛生产潜力的发挥。

三是奶牛饲料工业还处在起步阶段。饲料是奶牛生产的物质基础和动力源，占牛奶生产成本的70%以上，随着奶牛养殖业生产集约化、现代化水平不断提高，饲养规模不断扩大，奶牛业对饲料工业的需求越来越迫切。国外饲料工业产品中反刍动物饲料产品的比重近30%，其中80%以上是奶牛饲料。而我国饲料工业产品中猪饲料占39%，鸡饲料占51%，鱼虾饲料占5%，奶牛饲料只占其余5%的一部分。这种现状与当前迅速发展的奶业形成了巨大的反差。2004年全国反刍动物饲料消耗估计在5 000万吨左右，而专用的商品饲料仅有300多万吨，只占反刍动物所消耗饲料的6%左右，这一方面证明奶牛专用饲料差距巨大，另一方面也证明奶牛饲料业蕴藏着极好的发展机遇和广阔的成长空间。

四是奶牛饲料相关体系建设滞后。我国奶牛饲料业刚刚起步，而现有的法律法规主要是针对以猪鸡为主的饲料工业建立的，没有充分考虑牛羊饲料的独特性，体系建设不完善，有些甚至是空白，导致行业监管力度不够，管理较为粗放。在市场刚刚形成的初期，奶牛饲料无序竞争现象严重，饲料企业各自为政，为了抢占市场，采取一些不正当竞争手段，致使市场混乱。与之相关的饲料卫生安全检测标准、使用禁用药品的速测方法标准及允许使用的药物饲料添加剂检测方法需进一步完善。奶牛饲料安全信息网络建设、产品质量检测评价体系、技术咨询和专业人才培训等措施需进一步加强。同时奶牛饲料种植业极易受到气候变化和国际行情及国家政策的影响，养殖业又易受到疫情传播等制约，故整个产业链抗风险的能力较为脆弱。因此，在发展奶牛饲料业的同时，也要进一步加强整个行业的抗风险能力。

（四）关于解决我国奶牛饲料业发展的对策建议

1. 采取多种措施，满足奶业发展的饲料供应 一是要增加优良牧草和饲料作物的种植。饲草（牧草、干草、青贮）是奶牛的最重要营养来源。我国虽然草场面积广大，但与草地畜牧业发达国家相比，单位面积草地的畜产品生产水平低，只有美国的 1/20，因此在牧区急需加强草原的合理开发利用和人工种植牧草。在农区，实施“粮食作物—经济作物—饲料作物”的三元种植结构，在保证饲用玉米和饼粕类饲料种植的同时，扩大优质饲料作物和优质牧草的种植面积，据测定苜蓿干物质中含粗蛋白质 15%～25%，比玉米高 2～2.5 倍，赖氨酸含量 1.05%～1.38%，比玉米高4～5倍。1 千克优质的干苜蓿草粉，可代替 0.8 千克精料，使奶业发展所需的优质饲料来源有可靠的保障。二是要充分利用农副产品，包括糠麸、糟渣及食品加工的副产品等，都有其独特的营养组成从而可以减少饲料的使用量，加工后的副产品可以替代粗饲料，增加日粮中的纤维水平。实验表明，将5千克的棉籽壳和5千克的玉米配合起来其营养价值和纤维水平就相当于25千克的青贮。如果对这些加工副产品进行充分合理的利用，将成为我国奶牛业发展所需饲料的重要补充。三是要提高粗饲料利用率，据统计全国年产玉米秸秆约2.6亿吨，秧蔓类秸秆（主要有甘薯秧和花生秧）约0.4亿吨。通过对秸秆合理的处理和调制，能够显著提高其营养价值，弥补粗饲料的不足，提高奶牛粗饲料的保障能力和利用效率。

2. 依靠技术创新加快奶牛专用饲料的开发 一是培育新型饲料粮食作物品种。加强优良作物品种的选育工作，培育高营养价值的品种，重点培育高油和高氨基酸的品种。同时积极探索，科学规划，培育适合盐碱地、灾后田地生长的饲料粮食作物新品种。二是选育和推广优质高产饲草新品种。通过开展牧草的转基因育种，可培育抗病、抗除草剂和抗逆性强的品种，提高牧草的营养物质含量。与此同时，建立优化的饲草生产系统和模式，研究增产栽培技术也是当前急需解决的问题。三是加强奶牛专用饲料添加剂的研发。将自主创新的观念引入到奶牛饲料添加剂的生产和开发当中去，研究开发高效的新型抗应激饲料添加剂与各类特异性的复合添加剂预混料。研究天然植物和中草药有效成分和结构，并对其进行分离、提取和产业化生产，通过这些产品的应用替代部分抗生素，以减少抗生素在乳中的存留，不断提高奶牛饲用添加剂的科技含量，进一步开发出高效、无毒、环保的新产品，增强我国奶牛饲料添加剂的国际竞争力。

3. 完善奶牛饲料加工体系，提高奶牛饲料产业化经营水平 一是要建立奶牛饲料的知名品牌和企业。改变我国奶牛饲料工业严重滞后的局面，整合目前奶牛饲料生产企业散、乱、小的现状，做大做强专业化龙头企业，重点培育和扶持一批起点高、规模大、竞争力强的核心饲料企业和企业集团。增强产品的市场竞争力，通过激烈的市场竞争，形成我国的奶牛饲料生产企业知名的品牌群体。二是要充分发挥饲料企业与农民联系紧密的特点，鼓励饲料企业采取“订单农业”、“公司＋农户”等多种方式，把原料生产、加工、销售等环节连结起来，形成较为稳定的产销关系和利益关系。促进我国奶牛饲料业沿着产业化经营的方向健康发展。

4. 加强奶牛饲料监测、监管力度，完善奶牛饲料标准体系建设 一是要切实抓好奶牛饲料安全监管工作。加强对饲料生产、经营和使用等环节的监测，禁止在饲料中添加动物源性饲料、性激素、抗生素滤渣等国家明令禁用的成分，防止假冒伪劣饲料产品流入市场。二是完善奶牛饲料管理法规，加大执法力度。全程监控饲料和饲料添加剂生产、经营和使用。加强普法宣传，建立有效的预警机制，加强对进口饲料、饲料添加剂的检验检疫，严密监控动物性饲料、转基因饲料产品的质量安全和流向，消除各种隐患，确保饲料产品质量安全。

随着我国奶业的迅速发展，节粮、高效、优质、环境友好型的奶牛养殖业正成为我国农村经济的增长点，与之紧密相关的奶牛饲料业也越来越表现出强大的生命力和发展前景，通过关心和支持奶牛饲料业发展的有识之士的共同努力，我国奶牛饲料业定能排除困难，茁壮成长。

（作者：农业部原副部长，中国奶业协会会长）

实施奶牛良好农业规范 树奶牛养殖企业楷模

——在全国奶业首批实施牧场良好农业规范（GAP）培训班会上的讲话

魏克佳

农产品和食品安全问题与广大人民群众的日常生活、身体健康甚至生命安全息息相关，党中央、国务院历来高度重视。为贯彻落实党中央、国务院《关于进一步加强农村工作提高农业综合生产力若干政策的意见》（中发［2005］1号)、国务院《关于进一步加强食品安全工作的决定》(国发［2004］23号）和国务院办公厅《关于进一步做好农业标准化工作的通知》(国办发［2003］97号）的要求，积极运用认证认可和标准化手段，做好农产品和食品质量安全工作，推进我国农业生产经营管理的规模化、集约化、标准化，建设现代化农业，提高农业的综合生产能力和市场竞争力，加快社会主义新农村的建设，国家认监委、国家标准委于近日分别发布了《良好农业规范（GAP）认证实施规则（试行)》和良好农业规范系列国家标准（GB/T20014.1－11)。

近年来，我国奶类产量年均增长率都在二位数以上，乳品加工业成为食品工业中成长最快的产业。但由于在奶牛饲养管理、兽药使用、疫病防治、原料奶的生产贮存、奶牛场环境控制等方面缺乏有效的质量管理和认证体系保障，使得原料奶质量安全和奶牛养殖环境等方面出现诸多问题，与发达国家奶业相比存在较大差距。因此，我国奶业迫切需要借鉴发达国家成功的奶牛场良好规范（GAP）管理与认证经验，加强原料奶生产各个环节的规范化管理，尽快将其推广应用，这对保证乳品质量安全、提高我国乳品市场竞争力具有十分重要的意义。

为进一步落实农业部《关于进一步加强农产品质量安全管理工作的意见》精神，配合国家认监委迅速开展奶牛牧场GAP认证示范工作，努力提高原料奶的卫生质量，切实满足乳制品从牧场到餐桌的安全要求，转变奶牛场经营增长方式，提高奶牛养殖经济效益，规范养殖基地的建设与管理，中国奶业协会充分发挥行业技术资源优势，从乳制品源头即原料奶的规范生产入手，将乳制品安全认证工作的重点向前延伸到奶牛养殖领域。2005年，中国奶业协会直接参加了国家认监委、国家标准委组织的中国良好农业规范国家标准制订工作，并于2006年率先在全国范围内开展首批牛场GAP认证示范工作。此外，中国奶业协会将配合国家认监委，在2006年6月召开的第二届中国奶牛发展大会上，对首批通过GAP认证养殖企业进行表彰，颁发GAP证书，并授予“全国实施良好农业规范（GAP）示范单位”和“全国首批奶牛场良好农业规范认证单位”的光荣称号。

经农业部同意，国家认监委批准，中国奶业协会成立了乳品企业食品安全管理体系（HACCP）认证专业机构——中奶协（北京）认证中心（DACC），该中心已在全国范围内开展了多家乳制品企业的食品安全管理体系（HACCP）

认证工作。两年来，中奶协（北京）认证中心极具特色的权威性专业认证已突显成效，在全国认证领域独树一帜，反响热烈，深受广大乳品企业的欢迎和认同，国家认监委、国家认可委对中奶协（北京）认证中心也给予了高度的评价和认可。目前，该中心为全国唯一一家奶牛牧场良好农业规范（GAP）认证机构，拥有奶牛场良好农业规范（GAP）国家高级检查员 3 人、检查员 14 人。

实施奶牛场良好农业规范国家标准和认证工作在我国尚属首次，首批内审检查员培训学员要充分认识到自己所担负的责任和义务。从目前看，首批奶牛场 GAP 认证的培训时间相当紧迫，且任务繁重，希望大家能认真学习，努力做到知识的融会贯通，并与实践紧密结合，在有限的时间内尽快掌握和吃透 GAP 国家标准及基本要求，顺利通过考试，获得证书。学习结束后，及时向企业有关领导和员工做系统的汇报和辅导。企业有什么要求、打算或困难，请随时与奶协联系，中国奶业协会将随时为你们提供 GAP 认证支持和服务。同时，全体学员也要充分发挥良好农业规范认证工作的骨干带头作用，把所学的 GAP 知识运用于实践，带动和促进本单位 GAP 各项工作的落实，建立和运行符合要求的 GAP 管理模式，及时开展内部检查和管理评审，把握先机，使企业成功通过首批奶牛场 GAP 认证，并不断保持和更新 GAP 符合性要求。

需要强调的是，企业能否通过全国首批奶牛场 GAP 认证，能否得到表彰，完全取决于企业自身的努力。认证机构将秉着公平、公正、“宁缺毋滥”的原则开展奶牛场 GAP 认证工作，无论是谁，是什么样的企业，都将严格按国家标准规定实施评定和认证。通过奶牛场 GAP 认证，使优秀的奶牛养殖企业脱颖而出，真正做到鼓励先进，充分发挥这些企业的模范带头作用，在全国树立起具有可借鉴性、高质量、高效益和高达标率的奶牛养殖企业的楷模，为保证长期向乳品企业输送优质、安全、卫生的原料奶，为中国奶业的持续健康发展作出贡献。

（2006 年 2 月 24 日）

（作者：中国奶业协会秘书长）

用技术服务奶农　保护奶农利益　确保我国奶牛业健康、持续发展

王光文

（一）我国奶牛业处于关键时期，用技术服务奶农更显重要

改革开放以来，我国奶牛业有很快的发展，特别是1999年以来实现快速增长，2004年奶牛存栏达到1 063万头，比1998年增长149%，年平均增长16.4%；奶类总产量2 368万吨，比1998年增长217%，年平均增长21.2%。

但是，近二三年来，尤其是2004年以来，我国奶牛业发展的外部环境和内部条件发生了深刻变化，出现了一些值得关注的新情况。主要表现在：①自2004年下半年起玉米、豆粕等奶牛主要精饲料涨幅高达15%～40%，奶牛饲料平均上涨25%～35%，水、电、煤价格也不断攀升，致使奶牛场成本上升、养奶牛效益明显下降，由每头3 000元以上降到1 000元左右，甚至出现亏损。②有些地方违背奶牛自身的发展规律，片面追求奶牛养殖发展速度，甚至养牛与干部政绩挂钩，提出不切实际的发展目标，出现炒买炒卖奶牛，虚报养牛数字，骗取补贴，该淘汰的不淘汰，使牛群质量下降。③盲目建乳品加工厂，布局不合理，低水平重复建

设，造成互争奶源；有些地方则奶牛养殖的增长过快，加工跟不上，导致奶源过剩，甚至出现倒奶现象。

养奶牛不同于养猪，奶牛是大家畜，具有世代间隔长、繁殖率低、单胎以及投资大等特点，一旦奶农大批卖牛、杀牛，头数减少，再要恢复，需要的时间比较长，同时会影响乳品加工原料奶的供应。目前我国奶牛业的发展处于关键时期，面对出现的新情况、新问题，我们必须高度重视、研究对策，以保证我国奶牛业持续、健康地发展。

奶牛业健康、持续发展的内涵首先应该有一定的速度，而且更应该是高质量的发展，为乳品加工企业提供高质量的原料奶，乳制品的质量才能有源头的保证；其次还应该是高效益的发展。同时，行业竞争要规范，并做到可持续与环境保护紧密结合，实施粪污治理，打造循环经济产业链，使种植业和奶牛养殖业和谐发展。要处理好数量和质量、速度和效益、短期效益与长期效益等关系。

当然，确保我国奶牛业持续、健康发展还有许多问题，如促进消费，加强政府宏观调控和指导等。本文主要就“对奶农进行技术服务”这一问题谈几点看法。

（二）国外为奶农提供技术服务的模式与经验

1. 国外奶牛业的生产经营的模式与特点 国外奶牛业生产经营的模式主要是一体化经营，即生产、加工和运销一体化。也就是把分散的、分割的奶牛经营者联合起来，形成整体的经济利益共同体，把原料奶和乳制品推向市场，分散和克服奶农在单独面对市场时面临的风险。

国外奶牛业生产一体化经营模式下的组织有多种类型，大体可归纳为：合作社、专业协会和企业集团三种类型，即：美国、澳大利亚、荷兰、丹麦等国的合作社型；日本、加拿大、丹麦和澳大利亚等国的专业协会型和美国等国的企业集团型。目前，国外奶牛业的生产经营模式呈现区域化、规模化、科学化、市场化、加工型和实行配额制生产等特点。

不管哪种组织形式，为奶农提供产前、产中、产后全方位技术服务和教育培训是其共同之处和工作重点。

2. 加拿大奶农协会模式 以安大略奶农协会（Dairy Farmers of Ontario）为例：全省的人口和牛奶产量各占全国的1/3。奶业为农业中最大的产业，产值14亿加元，占农业总产值的20%。全省有奶牛农场5 500家，年产牛奶25亿升。平均每个农场饲养产奶母牛55头。安大略奶农协会是一个完全由奶农自筹资金、自行管理并完全服务奶农的行业组织，为非营利机构。董事会12名成员均由奶农选出，每月开会一次，负责全省所有与牛奶相关的政策的制定，如生产配额、牛奶定价、原料奶品质、研究、规划、运输等，以及为国家奶牛政策提供建议。日常工作由总经理负责，下设财务、信息系统、政策法规、市场推广、经济服务、秘书联络和计划管理部，共有职员115名，负责执行董事会的决策。其中90余名在总部工作，还有16名区域服务代表在各地工作，直接与奶农保持联系，进行质量控制和检查。每个代表负责400个牧场，常年奔波于各个牧场，车上装备有电脑系统和必要的检测设备，通过网络与总部保持联系，交换各种数据和资料。生奶通过奶牛场装车前检验、加工厂卸车前检验两道关严格把握住了不合格的原料奶进入加工环节，同时有第三方检测保证了检验结果的客观和公正性。

奶农协会代表安大略的所有奶农，一直在力图促进政府和本行业实施的各类措施的完善，以提高奶牛场和整个行业的运行效率；向立法机构和社会通报奶牛养殖者所面临的但不能单独解决的问题；启动生产中急需解决的研究课题；兴办奶牛杂志，为奶农提供技术指导；通过公众教育和市场宣传提高牛乳制品在公众眼中的形象，促进销售。

3. 美国合作社模式 美国自20世纪60年代以来，奶牛场主普遍与合作社或私人企业等服务组织等结合成长期而固定的紧密合作关系，使全国奶牛业形成生产资料供应、技术服务、牛奶收购、加工、销售等环节全过程一体化。奶牛场与合作社通过合同制结合起来，形成牧工技贸结合的一体化经营，在美国占主要地位，按鲜奶产量计，合同制约占90％以上。

4. 日本奶农协会模式 在日本，和奶牛业相关的有各种各样的协会，如奶农协会、生乳检查协会等，它们既是奶牛业利益的保护者、协调者，又是专业技术服务中心。这些协会保护了奶农权益，同时又维护了乳制品市场价格的基本稳定，保证了乳制品质量。如北海道奶农协会成立于1957年，是民间组织，但实力雄厚，代表奶农切身利益，提出价格、饲料、加工、运销、税收等政策性建议，向政府交涉。为奶农提供饲料供应、良种培育、配种、原料奶收购、疾病防治和牧场信息化管理等技术服务，对行业的发展规划（包括种牛、牧草改良、人才培训）等起到了良好的作用。

5. 丹麦合作社与专业协会相结合的模式 丹麦奶业合作社为奶农提供整个奶业生产的产前和产后服务。产前服务主要有：为牧草种植提供生产资料和生产技术指导，土壤测试，牛奶产量登记，良种繁育，疾病防治等。产后服务主要是由加工合作社和销售合作社提供。早在1882年丹麦就成立了第一家乳制品合作工厂，围绕乳制品的收购、加工和销售提供服务。目前，丹麦几乎所有奶牛场都有现代化的冷却设备，乳制品合作工厂通常每隔一天用冷藏罐车去奶牛场收奶，同时带回奶样测定质量，根据乳脂肪、乳蛋白质含量等指标，按质论价，定期结算。

在丹麦，奶牛生产的最新技术，如牧草保护、奶牛疾病和寄生虫病防治等新技术、新成果由咨询部门向牧场主推广。咨询服务部门由丹麦农场主协会和小农场主协会联合组成。在全国有一个“农业咨询中心”雇有专门的国家咨询人员，分别为地方的农场主协会和小农场主协会提供有关作物栽培、奶牛生产和疾病防治、牧场建设和机械、农场经营与会计以及青年工作等咨询。

（三）我国奶牛技术服务体系初步形成

“十五”期间科技部总投入 4.05 亿元，实施《奶业重大关键技术研究与产业化技术集成示范》国家重大科技专项，技术推广、服务、扶植奶牛养殖示范户 10 万余户，辐射养殖户达到 80 万余户，培训奶农 9 万余人次。

2005 年 4 月农业部实施的国家对奶牛良种补贴项目暨送畜牧科技下乡活动正式启动。计划以1 500万元项目资金补贴改良奶牛 60 万～65 万头。全国奶牛科技入户示范工程启动，农业部确定 10 个省的 10 个县为首批示范县，派专家入户，指导奶牛养殖技术规范、饲料营养配合疾病防治和原料奶质量卫生安全等重点和难点问题。农业部把“青贮玉米推广技术项目”列为 2005 年为农民办理的 15 件实事之一。

科技部、农业部为奶农提供技术服务一系列重大项目的实施、启动，以企业为主体的奶业技术研究和转化平台已初步构建，对我国奶牛业持续、健康地发展正在发挥积极的作用。

（四）加强技术服务平台建设，为奶农提供技术服务是“十一五”奶业科技发展的重点

我国奶牛业和发达国家相比，仍存在相当大的差距。我国奶牛养殖方式主要是农户小规模分散饲养，90％以上的奶牛饲养在农民家里，饲养规模小，仅在5头左右，生产水平低，平均单产不足2 000千克。详见下表：

2003年我国奶牛饲养规模与生产水平情况

饲养规模（头）	户数（户）	奶牛存栏（万头）	占奶牛总存栏（％）	平均单产（千克）	牛奶总产量（万吨）	占牛奶总产量（％）
1～5	1 510 930	410.0	46.7	1 642	673.3	38.1
6～20	224 373	228.2	26.0	2 101	479.5	27.1
21～100	35 036	130.8	14.9	2 229	291.5	16.5
101～200	2 292	32.1	3.7	2 719	87.4	4.9
201～500	895	28.8	3.3	2 900	83.5	4.7
501～1 000	344	24.9	2.8	3 086	76.7	4.3
1 000以上	136	24.0	2.7	3 231	77.5	4.4

资料来源：《中国畜牧业年鉴2004》

奶农是奶业中的弱势群体，存在着极大的风险，迫切需要得到全方位的技术服务。

笔者认为：“十一五”我国奶牛业的发展应该由“十五”数量的快速增长向数量适度增长、重点注重质量的方向转

变，由速度型转为质量型，由粗放低产型转为生态高效型。通过加强对奶农产前、产中、产后的技术服务，增强奶农的抗风险能力，推行适度规模经营，走质量效益型模式，提高奶牛单产、经营水平和效益。有质量、有效益、可持续的发展才是真正的发展。2004 年我国奶牛存栏达到1 063万头，估算其中成乳牛为 60%，即约 600 余万头，通过科技进步、技术服务，平均每头成乳牛每年提高单产 100～150 千克，每年可增加总产 60～90 余万吨原料奶。用技术服务奶农，提高单产这种方式应该是非常经济有效的，具体可以从以下几方面予以加强。

1. 完善和强化已有奶业技术研究和转化平台 “十五”期间科技部、农业部对奶牛业的技术服务体系建设已投入相当资金，已在全国各类不同奶牛养殖示范区初步构建成以主要乳品龙头企业和研究院校为主体的奶业技术研究和转化平台，“十一五”期间应进一步完善和强化这些平台。要重点强化平台对奶农的服务功能，克服目前和奶农的纯商业性“买”与“卖”的关系，保护奶农利益，在强化对奶农服务的同时，实行对奶农的二次结算，即根据奶农交售生奶的数量和质量合理返回企业部分利润。积极倡导和发展现有主要乳品龙头企业和奶农组建专业合作社。为加快这类合作社的发展，建议国家给予必要的扶持措施。

2. 在奶牛养殖优势区域由专业协会牵头组建奶农自己的技术服务组织和平台 在奶牛养殖优势区域，由当地的奶牛协会牵头，组建类似于加拿大安大略奶农协会的组织，建立奶农自己的技术服务平台，建议国家和地方政府应给予必要的扶持措施。当然，我国的情况和加拿大有所不同，根据我国的实际情况，可以先搞几个点，总结经验，逐步推广。

我们上海奶业行业协会准备与江苏、浙江联合，汇同国内外有关为奶牛服务的企业和院校，在充分调研的基础上，联合组建长三角奶业技术移动服务平台，为奶农进行DHI测定、饲料分析、日粮配合、选种选配、疾病防治、技术资料信息管理、技术培训等全方位的服务。

3. 为奶农进行专题技术培训 我国奶牛业和先进国家相比还存在很大的差距，主要表现在良种覆盖率低，单产水平低，原料奶质量差距大，生产方式“小、散、低”，饲养技术与管理水平低。笔者认为：我国奶农的文化程度和养牛专业技术水平较低是我国奶牛业和先进国家相比差距大的主要原因。建议国家和地方政府继续给予必要的扶持措施，利用现有的中专、高等院校、奶牛协会和畜牧兽医站等机构，对奶农，特别是年轻的奶农进行奶牛养殖专题技术培训。

（原文刊载于《奶业信息》，2006第1期，因限于篇幅，略有删节）

（作者单位：光明乳业股份有限公司技术中心）

正确把握科学发展观 促进经济、社会、环境协调发展

——对河北省沽源、察北牧场的考察与思考

吴 峻 李 明

沽源和察北牧场位于张家口市北部坝上地区，属于温带干旱半干旱草原农牧交错地带，气候特点是冬季寒冷（长达5个半月），最低气温－38℃，夏季雨热同季，年降水量300～400毫米，全年蒸发量1 870毫米，70％降水集中在7～9月；全年日照时数达2 900小时，年均日照率66％。该地区地广人稀，其中，沽源总面积26 666.7公顷，人口2.4万；察北37 333.3公顷，人口2.46万。该地区宜农、宜林、宜牧，具有发展莜麦、青玉米、蔬菜、马铃薯、胡麻、中药材等的优势。

这两个牧场自1955年建场以来，由于违反了因地制宜的原则，“以粮为纲”，从20世纪60年代末开始大量开垦草地，弃草种粮，但粮食单产很低，一般公顷产750千克左右，在严重干旱年份甚至颗粒无收。沽源牧场在1955—1998年的44年中有27年亏损，年亏损额累计高达800多万元。职工工资无法兑付，土地沙化、退化严重，经济萎缩，生态环境恶化。察北牧场44年中，有2/3年份亏损，1/3年份盈余，两场情况大体相似。

从 1998 年起，随着张家口地区对外开放环境的改善，牧场领导班子在总结多年经验教训的基础上，对经济发展重新定位，明确以乳业为支柱产业，围绕这个中心调整用地结构，做到宜农则农，宜林则林，宜牧则牧。2000 年 5 月 13 日，朱镕基总理亲临察北牧场视察，将察北、沽源牧场列入京津风沙源治理工程，由国家逐年拨专粮专款补助牧场实施治理计划，加速“一退两还”步伐。2003 年，河北省又决定对牧场管理体制进行重大改革，将省属农垦企业改为隶属张家口市管辖的管理区（相当县级），同时分别挂张家口市现代农业高新技术示范区和高效牧业示范区的牌子。牧场的职能由过去统管职工的生产、生活以及科、教、文、卫、公检法，转变为政企、政事分开，成为只对区域经济、社会进行宏观规划、管理、服务的一级政府，极大地解放了生产力，短短的几年时间，两个牧场的面貌都发生了可喜的变化，经济快速发展，职工生活明显改善，基础设施建设也大有长进，草场沙化、退化现象初步得到遏制，生态环境逐步好转。2003 年，察北牧场职工年均收入7 200元，人均收入2 719元；沽源牧场职工年均收入7 000元，人均收入3 000元。

（一）发挥产业优势

沽源、察北牧场都拥有广阔的草地资源，适宜发展畜牧业，但因主攻方向不明确，马、牛、羊并举，形不成拳头产品。两个牧场过去也办乳品加工厂，也因规模小，产品单一，主要依靠个体户经销，销路打不开，货款收不回来。沽源乳品厂仅 1993—1995 年就积压奶粉 700 多吨，相当于年产量的两倍。因资金匮缺，有 8 个月没给职工发工资。1998

年6月，本着自愿互利、优势互补、生产要素合理配置的原则，该厂与石家庄三鹿集团实行产品品牌联营（三鹿集团控股51%），三鹿集团在资金上给予支持，扩大并完善了厂房和加工设备，规范了生产经营管理，并帮助培训员工，生产出合格的“三鹿”牌奶品，由集团负责销售，及时兑现货款，当年就生产奶粉788吨，上交税金87万元，实现利润20万元。截至目前，已建成6条生产线，日处理鲜奶能力达到300吨。2003年，产优质液态乳1.9万吨，加工奶粉5 900吨，缴税453万元，创利467万元，成为牧场有力的经济支柱。

察北牧场通过转让、参股、引资，现已拥有3家乳品龙头企业，日处理鲜奶能力达到520吨。

龙头企业做强做大后，首先带动了奶牛养殖业的迅速发展。沽源牧场现有存栏奶牛1.26万头，全场1 481个家庭农场有82.4%的户养奶牛，其中，养20头以上的有85户，养牛头数占总头数的1/4。察北牧场存栏奶牛1.72万头，另有绵羊8 291头。

另外，龙头企业还带动周边地区奶牛业的发展。沽源牧场带动周边8个县（旗）、24个乡镇、6 324个农户养奶牛2.3万头，仅养奶牛一项即为周边农民人均增收1 365元。察北牧场也辐射带动周边万余农户养奶牛3万余头。

养奶牛是一项获利丰厚的产业，一般每头奶牛年产奶4吨，每千克鲜奶收购价1.5元，除去成本每头奶牛年可获利2 000元。母牛产下小牛2年后即可产奶，成年母牛每头售价1万多元。

奶业的经营管理模式基本上采用“公司＋基地＋农户”、“四统”（统一规划、统一领导、统一技术标准、统一服务）、

“一分”（分户饲养）、“一集中”（集中挤奶）的办法。与此同时，两个牧场都在探索建立规模化、集约化、高效益的奶牛养殖示范区。沽源牧场示范区占地 15.2 公顷，分 4 个单元，入住农户 58 户，奶牛 1 855 头，分 100 头、60 头、40 头、30 头、20 头 5 种户型，每一户型均按全舍饲标准建有双列式牛舍、饲草园、青饲窖、运动场、服务用房、沼气池、化粪池等，布局合理，功能齐备。每个单元中心建有一座每次可容纳 32 头牛，同时自动挤奶、自动计量、真空无菌操作的挤奶大厅和灌装生产线。其中，寒季塑料膜暖棚养殖技术为国内首创、在坝上－38℃的寒冬季节，暖棚内的温度可达 0℃以上，平均产奶量可提高 15％～20％。如此现代化的乳牛场与西方发达国家并没有什么差别，而且，这些牛舍、设备都是养殖户自已集资建设、自已管理的，牧场只是在联系贷款、土地租金和技术上给予支持和帮助。

为了给奶牛业发展提供优质饲料，两个牧场对种植业用地进行了调整，将青玉米大部分安排在保浇地里，全部选用优良品种，由种子公司统一供种、统一指导、统一服务。两个牧场重点鼓励和扶持规模大户种植，出台地租减免、协助订单、稳定价格等优惠政策，以 1 台卷盘式喷灌机灌溉 20 公顷为单元出租，通过推广大小垄间作、地膜覆盖、精量点播等先进适用技术，采用大型青饲联合收割机收割，旱地每 667 平方米产青体 4 000 千克，水地每 667 平方米产 6 500 千克，每 667 平方米纯利润 100～300 元，经济效益十分可观。2004 年，沽源牧场种植青贮玉米 1 400 公顷，预计产量 1 200 万千克，为高效畜牧业的发展提供强有力的支撑。

坝上气候冷凉，光照充足，昼夜温差大，土地连片平整，是种植错季蔬菜，特别是马铃薯的理想基地。上海百事、美国辛普劳两家知名企业与牧场合作繁育马铃薯种薯和商品薯（用于加工薯片），由牧场提供土地并配套水、电及大型灌溉设备，公司提供种薯及管理技术并负责回收。预计2004年每667平方米产种薯2.3吨，商品薯3吨，每667平方米投入1 200元，纯利1 200～1 500元。2004年，沽源牧场马铃薯种植面积已达到667公顷。笔者在察北牧场遇到一位职工王建明，他联合4人承包牧场水浇地66.7公顷种植胡萝卜、洋白菜、洋葱等商品菜，每667平方米交租金150元，扣去投资净收入500～600元。据牧场干部介绍，他种菜4年至少已净赚5万～6万元。

（二）开展生态建设

沽源牧场从1997年开始实施退耕还林还草工程，比国家提出“一退两还”提早3年。在2000年夏朱镕基总理视察后国家对察北牧场下达6 667公顷（牧场又匹配6 667公顷，共1.33万公顷）治理任务，同时对沽源牧场下达1 333公顷。国家分年补助粮食现金（生态林补助8年，种草补助2年，每667平方米每年补助100千克粮食，20元现金），是一笔相当可观的财政支持。为了防止这笔资金被截留、挪用、贪污，两个牧场采取将任务落实到户，分户立册建账，粮款直接分到户（2004年，已将粮食折款，不再调粮）的方式，职工吃了“定心丸”，治理的积极性高涨。根据草地荒坡的实际情况，分别采取以下治理措施：

1. 人工种草 即选择土壤肥沃、有灌溉条件的草地，建设高效喷灌草场。沽源牧场在小城子管理处东建成一处1 200公顷的高效喷灌草场，配备奥地利生产的转盘喷灌机62台，种植品种有紫花苜蓿、冰草、无芒雀麦等，采用大型联合收割机和打捆机，分层次作业．一条龙收获，机械化程度达到 100%。一般每 667 平方米产草籽 15～25 千克，青干草 150～200 千克，一个生长周期年利润 180～240 元，较常规大田粮食作物增效 3～5 倍。沽源牧场人工种草面积已达到8 600公顷，分单种、套种两种模式，可收获两茬，每 667 平方米产青干草 100～150 千克。2003 年，累计收获各类青干草1 206万千克，饲喂奶牛 1.2 万头，间接经济效益3 000多万元，在改善生态环境的同时，大幅度提高了职工群众的收入。

2. 围封禁牧 沿公路两旁或毗邻村庄、易遭牛羊践踏、一般没有灌溉条件的草场，采取竖立水泥墩、拦铁丝网的方法将草场围封起来，禁止放牧，等到收获牧草后再开禁。因投资较大，目前，此类草场面积还不大。

3. 划区轮牧 一般远离村庄的荒坡草场采取划区轮牧的办法，以减轻草场破坏。目前，此类草场占的比例是比较大的。笔者在察北牧场见到列入风沙源治理的“一退两还”的地块都已设立围栏，一般 12 米宽，4 米种树，8 米种草，长得好的草有 1 米多高，但树还没长起来。据牧场领导说，适宜当地的树种只有杨、榆两种，且生长很慢，20 世纪五六十年代种的树都成了“老头树”，因此，在这里发展林业，树木只能成网难成片，采取乔、灌、草结合或灌、草结合，比较切合实际，一些灌木（例如沙棘、柠条）除可防风固沙还可作饲料利用，可以发展。

（三）改革管理体制

改革开放以来，农垦企业经历了两次重大改革。第一次是 1984 年受农村家庭联产承包责任制影响而推行的经营管理体制改革，由高度集中统一的管理体制改为统分结合的双层经营体制。这次改革对调动农垦职工的生产积极性起到了一定的作用。但是，宏观层面上的体制障碍并没有改变（例如政企不分，企业办社会，财政上统收统支，经营自主权没有切实保障等），当时社会上流行的口头禅“是职工还包土地，是农民还有退休，是企业还办社会，是政府还要交税”，是对农垦企业“四不像”形象的生动概括。第二次改革是将两个牧场下放给张家口市管辖，建立管理区，同时，挂张家口市现代农业高新技术示范区和高效畜牧业示范区的牌子，基本解决了上述矛盾，受到了广大干部职工的拥护支持，虽然改革的时间还不长，但已显示出明显的效果。

1. 招商引资的力度增强 在过去招商引资中，农垦企业只提供土地优惠而自身的经营收益减少，税收却交给当地政府，因而引资的动力不强。成立管理区后，招商引资具有发展区域经济和增强本区财政的双向动力，牧场招商引资求发展的积极性大增。察北牧场从2003年3月到2004年上半年，共引进较大项目12个，签约引资金额6.8亿元，是体制改革前累计引资的5倍多。引资项目包括乳肉产业化龙头企业扩建、规模化养殖、高效种植、生态旅游，房地产开发、民营办学等，已到位资金3.25亿元。

2. “国退民进”，加速国有企业的转让改制 察北牧场已形成本场职工参股的察北乳业公司、青岛圣元乳业公司和引进深圳塞北乳业及台资组建的察北草原乳业公司乳业龙头企业三足鼎立的格局，日处理鲜奶能力520吨，是2002年前的2.6倍，1999年的26倍。另外，察北牧场还吸引温州、唐山、保定、北京等地有实力的客户来场开发奶牛规模养殖项目，计划总投资2.55亿元，规划养殖规模1.6万头。

这些项目正在建设中。

3. 推动了小城镇建设 几年来，随着各项事业的发展，人流、物流、信息流向中心区聚集，到牧场就业，从事奶牛养殖、高效农业种植、建筑施工等的外来人口占总人口的1/5，小城镇面貌大有改观，短期内管理区政府所在地品位较高、功能齐全、具有坝上特色的袖珍小城镇的雏形已经初显。

4. 基础设施建设步伐加快 成立管理区后张家口市将教育、文化、卫生、道路、城镇建设等各项社会事业纳入政府序列，扭转了农垦企业这些方面发展与周边县（区）不同步的局面。沽源牧场从闪电河至管理区所在地的三级柏油路已于2004年8月底建成通车。察北牧场二台至宇宙营乡20公里投资1 400万元的三级公路近期也可建成通车。同时，还立项实施8个行政村42公里的“村村通”道路建设工程。2004年一年的道路建设投资就超过过去这两个农垦企业50多年的累计数。

（四）对两个牧场进一步发展的建议

第一，科学发展观的形成是对农垦企业几十年正反经验教训的总结，是实践的产物，不断改革的产物。它的核心就是实事求是，因地制宜，一切从实际出发，讲求实效。具体说，就是要有一个好的管理体制（政企分开、政事分开），一个适应农垦实际的经营方式（以民营为主的“公司＋基地＋农户”的生产经营方式）和机动灵活的经营机制（例如龙头企业可按市场变化实行招季节工和浮动工资以及浮动的产品收购价格等）。现在，这条新的路子已经找到，沿着这条路走下去，定会开创更加辉煌美好的未来。农垦企业示范带动社会的职能不但不会削弱，而且还会加强。

第二，新组建的管理区机构应本着“精简、效率、节约”的原则运转，防止人员、机构膨胀，探索出一条精兵简政的新路子。现在，牧场的领导干部多数都是土生土长的干部子弟，他们对牧场情况熟悉，与群众关系密切。笔者认为，在干部任期、退休年龄和调遣升迁等方面应考虑农垦的特点，保持干部队伍的稳定性、连续性，以利农垦事业的发展。

第三，京津风沙源治理，退耕还林还草工程，只是取得初步成效，现在的生态景观与20世纪60年代前相比还有较大的差距，特别是还没有找到适合当地种植的树种，造林的任务还十分艰巨，需要加快干旱半干旱地区树种的培育、试验、引进和示范。国家对退耕还林还草的财政补助不要改变，以保持群众治理的热情和积极性。

第四，把管理区的生产建设搞好，创造更多的就业机会，吸引外地农村甚至城镇年轻人来牧场工作，事实证明是完全可能的，要注意总结这方面的经验。招商引资项目应以农副产品加工和服务业为主，严格控制引进污染环境的产业。旅游业目前还不是当地的优势，无山无水少林，草原景观也不算好，靠几顶蒙古包、几匹马是吸引不了多少客源的。乳业发展也要密切注视市场动向，稳扎稳打，防止盲目追求发展速度，定过高的发展指标，造成不必要的损失。

2004年12月

（作者单位：吴崚，中国社会科学院农村发展研究所；李明，河北省农业厅）

二、发展生态奶业

高度重视饲料作物种植结构调整优化出现逆转

李易方

我国传统的农作种植“二元结构”（粮食作物—经济作物）需要向“三元结构”（粮食作物—饲料作物—经济作物）转变，这是众多理论界人士与一部分党政领导干部所达成的共识。一些地区正逐步付诸实践。京津风沙源地区，退耕还林、还草奖励政策的实施成效显著。以素称“牧草之王”的紫花苜蓿种植面积为例，2004 年全国累计保留面积达到 368 万公顷，为 2000 年的 1.9 倍。2005 年竟比上年骤然缩减 81 万公顷，总面积降至 287 万公顷。其中，新疆减少 42.7 万公顷，河北减少 17.1 万公顷，陕西减少 10.4 万公顷，内蒙古减少 5.4 万公顷（资料来源：全国畜牧总站）。这些地区多为生态环境脆弱，水土流失、草原“三化”（退化、沙化、盐渍化）比较重的地方，而且不少又是重要的奶源基地和苜蓿草产品基地，苜蓿面积的减少不仅直接影响当地奶业生产，而且对京、津、沪等常年依靠外地供应优质牧草的奶牛饲养业也造成困难。更令人扼腕叹息的是加剧了生态环境恶化。苜蓿系多年生豆科牧草，根系发达，有着良好的水土保持作用，其种植面积的缩减，对于生态环境恶化所造成的损失是难以弥补的。另据上海反应，饲养高产奶牛所必需的青绿多汁饲料，全株带穗青贮玉米种植面积比上年减少 960 公顷，即缩减 22%。

上述情况的发生，可以说是人们始料所不及的，但它绝非偶然。认真加以分析，不难找出问题发生的直接和间接原因。

近年来为鼓励粮食生产，国家实施种粮补贴政策，农民种粮当年每 667 平方米就可以获取补贴 30 元（种粮补贴 20 元、良种补贴 10 元），现得利，又牵涉及“政绩”，所以更促使一些地方过多过早地将苜蓿翻耕改种了粮食。追本溯源，实由于认识不足、政策缺位和措施不周所致。

温家宝总理在 2006 年 3 月 5 日召开的十届全国人大四次会议上，曾强调指出，“要巩固和发展退耕还林、还牧还草，抓紧研究制定后续的相关政策”，切中要害，贵在及时，应当认真贯彻落实。针对前面述及的一些新情况和新问题，避免不良态势的蔓延，促进农作物种植业结构的战略调整，特提出以下几点不成熟的意见供研究参考。

1. 一项新的政策在制定过程中，务必从多方面权衡利弊，既要注意正面效果，也万万不可忽视可能产生的负面影响，以免顾此失彼，尽可能少付学费为宜。不妨说，这也属于科学决策、民主决策的范畴吧。

2. 期盼将农作物传统的“二元结构”（粮食作物—经济作物）向“三元结构”（粮食作物—饲料作物—经济作物）进行调整和转变的战略决策尽早纳入国家中长期发展规划，国家统计部门也要相应将其分别列入年度统计科目进行考核；并采取奖励政策，例如增加种草补贴等，加强宏观调控力度，促进饲草饲料资源的合理开发利用，使草产业发展成为大产业，以保证奶牛等草食家畜饲养业的持续健康发展。

这与确保国家粮食安全并不矛盾，而且是相辅相成的。

3. 紫花苜蓿具有优质、高产、高效及优化生态环境等诸多优势，应当作为重中之重，因地制宜，大力扶持开展产业化经营。紫花苜蓿的干物质中，粗蛋白质含量高达18%～24.8%，叶蛋白中各类氨基酸含量接近动物性蛋白，其营养价值和饲养效果与鱼粉相当，并高于大豆饼、花生饼等，能明显地增加奶牛体重和产奶量，改善奶产品的品质，降低饲料消耗率，提高饲料的转化率等。据上海市实施“八吨工程”（成年母牛头均年产奶量8吨）的实践，饲喂羊草与饲喂苜蓿的对比实验，有以下明显效果：

①增加牛奶产量（平均增加2.5千克/头·天）；

②增加含脂率·蛋白质（含脂率+0.13千克/头·天，干物质+0.38千克/头·天）；

③减少体细胞数（平均减少15.2万个/毫升）；

④提高经济效益（平均增收3元多/头·天）。

此外，以种植紫花苜蓿与小麦相比较，每公顷紫花苜蓿可比小麦多产4.7倍干物质、8倍蛋白质；其根部着生的根瘤菌能将空气中游离氮转化为氨态氮，每年可在土壤中固定游离氮素300～900千克；种植三年以后的苜蓿茬地，每公顷可遗留干根3 750～9 000千克，使土壤中的有机物增加；下茬粮食作物，如果种植小麦，可增产17%～43%。并且紫花苜蓿具有抗盐碱和良好的水土保持作用。紫花苜蓿既系“牧草之王”，又是发展循环经济之宝。广为种植，势在必行。

4. 大力推广全株带穗玉米青贮技术，提高土地产出率和优化奶牛饲料结构。作为粮食来种植的玉米，每667平方米可产籽实225千克，秸秆500千克；其主要营养成分为：

可消化总养分 343.6 千克，内含可消化粗蛋白质为 21 千克、胡萝卜素 3.4 克。种植青贮饲料玉米，每 667 平方米可产籽实及秸秆3 000千克，内含可消化总养分 495 千克，其中可消化粗蛋白质为 39 千克、胡萝卜素 105 克，而且适口性好，消化率高，远比掰棒子后的半干玉米青贮为优，更非干秸秆可比。在冬春枯草季节，全株带穗青贮玉米又是高产奶牛不可或缺的青绿饲料。有鉴于此，建议将青贮饲料玉米的种植视同粮食作物一样给予优惠补贴，以激励农民积极种植和合理利用。

众所周知，奶牛是饲料报酬最高的家畜，生产 1 千克牛奶只需 0.5 或 0.4 千克精料，而生产 1 千克可食的猪肉则多达 10～12 千克精料，生产 1 千克活重的肉鸡，也需要2.3～2.6 千克精料。但是，必须按照科学配方，精粗饲料合理搭配，才能实现奶的优质、高产和保障牛体健康。据专家介绍，奶牛日粮中干草和青贮饲料应不少于日粮干物质的60％。如饲喂优质干草和青贮，奶牛日产 20 千克，每日只需要 5 千克精料；如无优质干草和青贮，同样的产奶量，每天最少需要饲喂 10 千克精料。可见以粮代草乃是极大的浪费。经验证明，以秸秆为粗饲料来源的日粮，只能满足年产奶5 000千克水平的奶牛营养需要。使用青贮玉米，饲喂普通干草或羊草，奶牛单产通常只能停留在7 000千克左右水平。而精饲料过多，青贮玉米饲喂量过高，则容易发生酸中毒，将会缩短奶牛使用寿命，降低经济效益。要想达到8 000千克以上高产水平，必须饲喂苜蓿等优质干草加青贮玉米。

改革开放以来，特别是近几年来，我国奶业的发展迅速。2004 年末全国奶牛存栏1 063万头，奶类总产量达到

2 368万吨，分别为1998年的2.5倍和3.2倍，年均增长率分别为16.4%和21.2%。但是，成年母牛头均年产奶量只有3 700千克左右，与世界平均水平（头均5 500千克）还有较大差距，比一些发达国家头均年产奶量（7 000千克以上）相差更远。这固然与良种奶牛普及率不高（荷斯坦及其他优良品种牛总计在全国奶牛群中所占比例不过40%左右）等有关，而更为薄弱的环节则是优质牧草生产供应不足和青贮饲料质量不高，良种良法不配套所致。

我国蛋白饲料年缺口数以千万吨计，使得我们不得不年年花费大量外汇进口。解决这一问题的主要途径在于加快农作物种植业结构的战略调整，并相应采取综合配套措施，开展草业产业化经营。步履维艰，知难而进，时不我待。

（2006 年 4 月）

中国奶业要坚定不移地走生态之路

苗万福　崔彦锋

近几年，随着中国奶业的快速发展，加工与奶源、生产与生态等不和谐的现象也时有发生，这不但影响了中国奶业持续、健康、快速发展，而且对乳品企业、消费者和奶农等各方的利益，都形成一种挑战。那么，如何在保持中国奶业健康、快速发展的同时，确保中国奶业与生态环境的和谐发展，建设中国的生态奶业呢？

（一）传统观念中的牧业重心要转移

目前，由于奶业的快速发展带来的对生态、环境的严重影响，已经制约了中国奶业的发展，并直接影响到乳品企业的成长、利润和消费者的健康以及奶农的收入等整个奶业产业链。中国奶业只有在正确认识存在的问题，转变传统形成的牧业重心前提下，走生态养殖之路，才能保障其持续、健康、快速发展。

专家预测，未来5～10年甚至更长时间，中国奶牛饲养量将继续保持增长的势头。到2010年奶牛存栏将达到1 226万头，2020年将达到1 647万头。近2 000万头奶牛怎么养？在哪里养？怎么在与生态环境和谐发展的前提下养？是值得研究的。

随着城市发展、人口增加对环境压力的加大，随着奶牛粪便、污水等污染物处理成本的增加，城郊奶牛场的发展空间也越来越小。据测定，养牛场每天的固体废弃物量、每天的废水负荷量、每天的废水 COD（化学需氧量）负荷都数倍于按照标准畜禽核算的同等养殖规模的养猪场、养鸡场。参照国务院在实施太湖水污染防治中提出的重点排污单位治理达标标准（日排放废水 100 吨或 COD 在 30 千克以下），中小型养牛场废水中 COD 的排放负荷水平已经接近或超过这一水准，构成环境污染物的大户。现在有些大型乳品企业，特别是大城市中的乳品企业，如上海、北京等，扩大生产与保护环境的矛盾日益突出。上海的浦东地区，作为上海最早开始饲养奶牛的地方，在开发之前一直是上海重要的奶源基地，而现在由于污染治理成本加大等问题，所有的小牧场已全部关闭。整个浦东新区，奶牛数量从高峰时的 1 万多头，下降到 2001 年底的4 500～5 000头，现在数量更少。北京市为迎接 2008 年奥运会，大搞绿化，鼓励生态产业的发展；整治对城市环境有影响的产业，计划在 3 年内把五环内的养殖场全部外迁。

另外，中国传统牧区环境也不断恶化，内蒙古、宁夏等地的草场由于干旱、蝗灾侵袭、草场退化等引起的土壤沙漠化、沙尘暴等生态问题日益严重。拥有约 0.867 亿公顷（13 亿亩）草地的内蒙古草原，是我国最大的天然牧场和畜牧业生产基地，但现在天然草原牧草产量平均下降 50%左右，退化草地面积达到 56.8%。盛夏之际，从锡林郭勒到呼伦贝尔，很少看到以前没膝深的草场，大多是一片枯黄；作为世界最好天然草场之一的呼伦贝尔草原，不少地区的草却连脚背都遮不住。牧民们普遍反映，过去用舌头揽草吃的牛，现在也不得不用嘴皮啃草吃了，有的地区出现因草料缺乏而饿死奶牛的事情。一些草原已被手指甲大的沙砾覆盖，一些草场已退化为沙尘地，锡林郭勒草原的不少地方已赤地千里。有时在 7 月，锡林郭勒草原都能刮起天昏地暗的沙尘暴。现在东北、西北、西南地区生态脆弱的省（市）掀起了退耕还草、退牧还草运动。现在我国北方可利用的草原面积只能养不到 200 万头奶牛。作为华北、甚至中国生态屏障的内蒙古草原区应承担更多的生态责任而不是生产责任。

平原农区气候温和、水草丰美，能够为奶牛提供充足的饲草饲料，仅冀中平原就有约 266.67 万公顷（4 000万亩）玉米，按每 0.33 公顷玉米秸秆养 1 头奶牛计算，冀中平原就可以养 800 万头奶牛，现代养殖业从根本上说必须依托现代化的种植业，平原农区优越的自然条件孕育高产优质饲草、饲料较城市牧场型、草原牧区型牧场具有更多的优势。

（二）生态养殖园区是中国生态奶业的样板

生态奶业是指运用生态学、生态经济学原理和系统科学方法，以绿色、环保技术为支撑，把现代科学成果与传统饲草种植、奶牛养殖、乳品加工、包装、运输等技术与环境保护和资源高效利用的精华有机结合的奶业，以实现高产、优质高效与持续发展为目标，达到经济、生态、社会三大效益的有机统一。

2005 年 8 月，笔者曾到河北省元氏县三鹿集团故城生态养殖园区采访。在距离元氏县城 5 公里左右的井元公路南边，有个公园，其实这是三鹿集团奶源基地故城生态奶牛养殖园区。该园区的管理区和生活区紧邻公路，荷花绽放，月季吐蕊，绿草依依，还种有花生等，喷泉让人在炎炎夏日感觉凉爽了很多；再向右是一眼看不到边的苜蓿，管理区南面有 3 个青贮窖、1 个饲料加工厂。园区距离公路 50 多米，周围是连片的玉米。

在管理区通往园区的路旁，种着成排的垂柳、三叶草、冬青和丁香花等。走进奶牛养殖挤奶区，两排养殖单元被道路隔开，道路两旁种着石榴树、垂柳、杨树、月季花和三叶草，翠绿的葡萄藤、葫芦秧、南瓜秧等爬上了遮阳棚，为奶牛遮阳；既有欣赏价值又有经济价值。挤奶大厅在园区中间，挤奶时，鲜奶通过密封管道被直接打到冷藏罐，降至 4℃以下；挤奶厅备有鲜奶质量检测室，配备发酵试管、恒温箱、乳质检测仪等设备，每日对园区内生产的鲜奶进行检测，重点检查牛奶的发酵酸度、理化指标等，若不合格，立刻分流到养猪、养羊等需要鲜奶的行业。三鹿集团对鲜奶进行更加严格的检测，指标若不达标，坚决拒收，以确保三鹿产品的质量。挤奶大厅旁边，是育种室和兽医室，育种室有电脑和奶牛冷冻精液，按照三鹿集团研发的微机管理、选种选配软件为园区内奶牛建立的详细谱系档案对奶牛进行选种选配，确保奶牛品种优良，为奶牛高产打下基础。兽医室里的兽药以中草药为主，没有激素和抗生素等高残留物的药品，奶牛每次所用药品都在电脑微机管理软件中记录。

该园区是从生态学角度出发，从环境保护入手，集奶牛养殖、秸秆贮存、粪便处理、防疫灭病、胚胎移植、人员培训、物业管理等为一体的大型奶牛生态养殖园区。由饲料地、树木、青贮窖等作为隔离带，并保持一定的距离，自然形成多个独立小区，整个园区整洁美观，处处体现了绿色、环保、科技，实现了从鲜奶到加工生产前全过程绿色、无污染的牛奶生产体系，达到经济、社会、生态三大效益的有机统一。

建立园区前后的生态效益、经济效益、社会效益均明显提高。在园区内，每个养殖单元建立单独的沼气池，保证了各区的生活和生产需要，每个单元每年可以节省至少 550 元；6～8 立方米的沼气池年产沼渣、沼液相当于 750 千克碳氨，可卖 450 元；1 头牛 1 年所产的牛粪就可以卖 100 元。另外，统一购进饲料、统一育种、统一防疫灭病等，也可节约部分资金；奶牛单产、鲜奶质量提高了，收入也增加了。园区奶牛的年平均单产由 2000 年的4 700千克上升到现在的6 500千克以上，平均每年增加收入 600 元。按照每个养殖单元 35 头奶牛计算，每年增收节支比传统养殖多 2 万多元。

（三）建设生态奶业需要解决的几个问题

生态奶业的“三个效益有机统一”，证明其有着广阔的发展前景，是奶牛养殖业的发展趋势，但生态奶业还处于探索阶段。要发展生态型奶业，必须解决以下几个问题。

1. 奶农需要树立生态奶业发展意识　要保证中国奶业的可持续发展，首先奶农需要树立可持续发展意识。现阶段，大多奶农养殖奶牛数量不多，少则三五头，多则 10 多头，超过 100 头的很少。他们都有“养奶牛致富”的思想，却缺少长远的发展目标，也很少考虑生态效益和社会效益能够促进经济效益。这就需要政府各部门加强宣传生态奶业的重要性，鼓励奶农走“三个效益有机统一”的可持续发展之路；给予生态奶业更多的优惠政策，如在资金、土地等方面，为生态奶业的发展提供一个宽松的环境。各级奶业协会需为奶农做好生态奶业各方面的知识培训、技术指导等工作。企业需要以实际行动做走生态奶业养殖道路的表率，投入更多资金、技术、服务。通过这些使广大奶农明白：只有走可持续发展的生态奶业养殖道路，才会有更大的发展空间，才能取得更好的经济效益。

2. 小区选址、规划、布局要科学合理 选择场址前，首先要了解本地区的社会经济发展规划，掌握本地区建设用地要求和畜牧业土地使用的各项规定和优惠政策，还要联系、协调畜牧和环保等部门，征求多方意见；要选择土壤好、水源充足、远离污染源等地区作场址。根据国家的《环境保护法》、《水污染防治法》等法律法规和地方有关规定，科学规划奶牛养殖小区，为奶牛饲养创造适宜的环境。要根据风向、水源、交通等布局小区，如粪污处理区应在下风向，管理区应在上风向等。

3. 建设生态奶业需要几个技术体系的支持 小区的绿化是环境保护的重要内容之一，可栽种乔木、灌木和花草等，不仅可以美化周围环境，还可以为奶牛提供优美的生存环境，并起到隔离风沙、防止疾病的作用，可谓一举多得。

小区要建立专门的饲喂饲养部门，学习、收集和传授先进合理的奶牛饲喂技术。应有专门的育种室和育种员，建立详细的奶牛谱系档案对奶牛进行选种选配。需要设立专门的兽医室和兽医，兽医室应建立详细的兽药采购、使用制度；兽药以中草药为主，杜绝使用激素、抗生素等高残留药品；为奶牛建立详细治疗记录等，隔离患病奶牛。应设立鲜奶检测室，对鲜奶进行严格的各项指标的检测；牧草种植、饲草加工要实行生态化。

4. 加强法律建设并加大监督力度 各级政府和有关部门要结合本地区、本部门实际情况，提出加强生态奶业建设的指导性意见，并健全有关法律和标准，使生态奶业的发展成为有法可依的产业。畜牧、环保等部门应加大对污染严重的奶牛场的监督和执法力度，并根据实际情况做出相应的处理。

（作者单位：石家庄三鹿集团股份有限公司）

关于创建高效生态奶牛场（户）的建议

王福兆

生态建设和环境保护是西部大开发的根本。江泽民同志 2002 年 4 月来陕西考察时指出，生态环境建设不仅关系到西部地区的发展和人民生活的改善，还关系到整个中华民族的生存和发展，一定要坚持不懈地抓好（《西安日报》2004 年 4 月 3 日）。改革开放以来，奶牛业由于实行了国有、集体和个人一起上的方针，有了迅速发展。截至目前个人养牛户仍在增加，已占据全国奶牛业主导地位（占 80%以上）。伴随奶牛养殖户的发展，除少数外，多数奶牛场（户）饲养管理比较落后，习惯沿用养黄牛的方法饲养奶牛，牛舍阴暗潮湿、粪便乱堆、污水乱流、空气污浊（CO_2、CH_4），恶臭难闻，既污染了奶牛场（户）周围的空气，也污染了土地和地下水，再加上农村大量使用化肥、农药、除草剂、杀虫剂、杀菌剂、兽药抗生素、激素以及饲料添加剂等物质和技术，从而使环境受到不同程度的污染，这不仅使原料奶的产量和质量难以保证，而且影响了奶牛健康，并直接威胁到广大群众和消费者的生存安全。2004 年上半年发生的“阜阳劣质奶粉”事件是一个警示，劣质奶粉不能说与奶牛养殖无关。所以，为了提高牛群单产及其牛奶质量，增加农民收入，奶牛场（户）必须先抓好生态环境建设。

目前欧洲各国奶牛业发达国家无不重视生态环境（有机）建设。据报道有机（生态）牛奶在美国畜牧业生产中发展最快，1992—1997 年有机牛奶增加了 3 倍。加拿大更加重视生态建设，近几年推行生态牧场计划（EFP）。欧洲市场生产的有机牛奶售价比普通牛奶高 40%。丹麦有机牛奶制品已占整个有机农产品的 45%。由此可见，生产有机牛奶及其产品必将成为奶牛养殖业的发展方向。最近我国商务部、农业部等 11 个部委联合出台“有机食品产业发展的若干意见”，提出优先发展一批有机蔬菜、粮食、畜禽、茶叶等。

为加快生态奶业发展步伐，尽快创建一批高效生态奶牛场（户），建议抓好以下几项关键技术。

（一）选育适应本地生态条件的奶牛品种

我国地域辽阔，各地自然、气候、生态各异。奶牛场（户）应根据当地生态条件选养最适合的奶牛品种。目前各地所养奶牛品种是否都适应当地生态和环境条件是值得深入研究的一个问题。一个优良品种应具有：①适应当地气候条件；②适于采食当地生产的饲料，尤其是当地粗饲料的能力；③对当地流行病、寄生虫具有较强抵抗能力。例如，荷斯坦牛对饲料要求条件高，适于气候、饲料条件较好地区饲养；奶用水牛、娟姗牛适于南方湿热环境，抗病能力强，耐粗饲，易于管理，养殖成本低效益高。牦牛是唯一适于高寒地区饲养的牛种；又如新疆偏远农牧区适于西门塔尔牛，贫瘠山区适于新疆褐牛；三河牛适于寒冷内蒙古地区等等。由此可见，选养奶牛品种，一定要因地制宜，一个品种不可能适于全国各地。

此外，引进任何奶牛品种均应进行检疫，确为健康者，方可入群饲养，坚决不从疫区引进奶牛。

（二）创造舒适的奶牛生存环境

为奶牛创造舒适的“居所”是改善生态环境、减少环境污染、提高奶牛健康、提高产奶量及其质量一大技术支柱。建造牛舍必须适应奶牛对当地自然气候的要求。

奶牛天性怕热不怕冷，日排泄甲烷（CH_4）量大，尤其夏天，牛舍应通风，保持良好的新鲜空气。①朝向应根据地球不同纬度，合理确定，以坐北朝南偏东10～15度为宜。②通风换气良好，以利排出潮湿和恶臭，北方冬季要防止寒风侵袭，南方牛舍两边可不建筑墙。③光照充足，宽敞明亮，但要防止阳光直射牛床。④具备良好的清粪排尿系统，舍外设粪尿池，有条件的牛场可利用粪尿池制作沼气。⑤牛舍外向阳面，设运动场，每头牛用地面积不少于20平方米，经常保持干燥卫生，以利于奶牛静卧与休息（躺卧处应提供垫草）。据观测，静卧时流经乳房的血液流量增加，产奶量恰好与血液流量相关。所以，延长静卧时间，对生产有利。⑥场内脏、净道分开。⑦牛舍、运动场道两旁应植树绿化，改善小气候。

（三）推广生态饲料与饲养

主要通过生物技术，提高奶牛饲料消化率，减少温室气体（主要是甲烷CH_4）的排放，提高奶牛健康和生产性能。

1. 种植优质牧草 凡具有农田的奶牛场（户）种植优

质牧草不仅可减少奶牛对精料的消耗，而且可供给奶牛尽情地享受反刍的营养和乐趣，以满足奶牛采食习性和消化生理特点的需要。例如饲喂优质干草和青贮，奶牛日产奶 20 千克，每日只需配 5 千克精料；如无优质干草和青贮，同样的产奶量每天最少需配合 10 千克精料。2003 年我国有奶牛 758.7 万头，按每头奶牛日消耗谷物增加 1 千克计算，仅奶牛对谷物的年消耗就会多增 270 多万吨。由此所需要增加的耕地面积，要远远高于用生产饲草所占用的耕地。

种植牧草与农作物相比，单位面积优质牧草能提供给奶牛的可用蛋白质和能量更多。例如，每百平方米产量为 0.5 吨紫花苜蓿干草的土地要比产量为 0.6 吨的粮食玉米地（玉米棒＋秸秆）多产 60 千克可消化粗蛋白。由此可见，用一定比例农田生产优质紫花苜蓿，在保持奶牛同等生产率的条件下，饲养奶牛降低粮食损耗量要大于由生产面积减少造成的粮食减产量，而且还能起到培养地力的作用。为了生产生态牧草，应全部使用农家肥和有机肥，禁止使用化肥，农药等。

美国规定生态奶牛自产饲用牧草不得少于全部饲草的 3/4，我国有些牛场规定每头奶牛占有草地 667～1 333 平方米。在无条件种植牧草的奶牛场（户），可与周边地区的农产按生态饲料的标准，订购优质饲料。

2. 组合优质粗饲料　中国农科院农业气象研究所研究表明，以秸秆为基本饲料喂奶牛，在消化过程中约有 20％的可消化能转变成甲烷和热量浪费掉。另据报道，以秸秆为基本饲料饲喂奶牛，平均每升牛奶会伴随产生甲烷 242 克。但据印度试验表明，日粮中加入适量的蛋白质饲料，则每升牛奶的甲烷产生量将大为降低（约产生 40 克），已接近英国奶牛的甲烷产生量36克的水平。为了减少甲烷的排放，印度使用MUB的复合舔砖（主要原料是糖蜜、尿素、棉籽粉、食盐和矿物质等），可使每单位饲料甲烷排放量减少一半，有效地提高生产速度和产奶量。

据卢德勋研究，利用不同品质粗饲料之间的组合效应，完全可以提高粗饲料的品质。例如，在三种组合（羊草/沙打旺、玉米秸秆/沙打旺、谷草/沙打旺）中，以玉米秸秆/沙打旺为最佳。又如咸阳永盛源秸秆开发有限公司生产优质配合粗饲料，饲喂4天后每天可多产奶2～2.5千克。由此可见，秸秆和苜蓿组合，由于苜蓿草可增加纤维物质的消化率，大大改善秸秆的利用效果，从而整体上提高组合粗饲料品质，降低甲烷排放量和饲养成本。所以，对以低质粗饲料饲喂奶牛为主的地区，有较大的推广和借鉴价值。

3. 提高精/粗饲料组合的效应 瘤胃微生物的发育与微生态是影响粗饲料利用的关键，粗饲料有利于瘤胃微生物的发育。根据研究，奶牛日粮精粗比为1∶1时，有机物、中性洗涤纤维和酸性洗涤纤维降解率最高，当精粗比增加到7∶3时，其降解率都不同程度地降低；当奶牛日粮中精粗比为68∶32时，碳水化合物的效用最高。所以奶牛日粮中精料的含量超过50%时，对瘤胃内粗饲料的消化即有“负组合效应”。因而，奶牛日粮中精料的含量一般不高于60%为佳。另有报道，如粗饲料干物质与体重比低于1%，卵巢功能正常的奶牛几乎没有。

4. 补喂矿物质饲料 矿物元素缺乏会使瘤胃微生物生长效率降低，严重缺乏时饲料消化率降低。已知硫（S）磷（P）和镁（Mg）对促进瘤胃微生物生长有很大影响。一般讲硫的来源较广；磷在饼粕及谷物中含量较高，因而一般不缺乏，但仅喂大量玉米青贮，缺磷现象则较为多见。秸秆中常易缺镁，缺镁时，秸秆采食量和消化率均降低。镁对所有瘤胃微生物都是必需的，对纤维分解菌尤其必要，所以供给足量的镁是低质粗饲料达到最佳利用效果的先决条件。

添加沸石除可吸附胃肠道中有害气体外，还可提高瘤胃微生物对粗纤维的利用。其喂量一般为精料量的5%～8%。

5. 补喂特殊添加剂，如酶制剂、脲酶抑制剂、微生态制剂等均可提高饲料利用率，减少体内污物排放，增强抗病力，改善产品质量，对保护环境非常有利。

6. 饲养过程中不得使用生长激素和抗生素以及动物性饲料，如骨粉、肉骨粉、血粉等。

7. 改进谷物加工方法，谷类以粉料形态饲喂容易在瘤胃中被微生物降解，使蛋白质利用率降低。如将大豆、玉米等采用蒸压和膨化方法进行加工处理，压成扁状整粒饲喂，不仅可提高过瘤胃蛋白质的比率，又可起到灭菌和消除抗营养因子的作用，提高饲用价值和安全性。

此外，饲料制粒处理具有改善饲料效率和降低养分排出的趋势，使干物质和氮的排泄降低25%和22%。

8. 阶段饲养法　实践证明，饲养阶段分得越细，不同的营养水平日粮种类分的越多，越有利于减少氮的排泄，减少营养浪费，对提高饲料消化率十分有利。

9. 推广全混合日粮（TMR）饲养技术　采用TMR技术既可减少瘤胃内pH急剧式上升，又有益于维持瘤胃内环境减少瘤胃机能障碍，以达到提高饲料消化率的目的。

10. 奶牛的饮用水，除规定的有关细菌和微生物标准外，饮用水中硝酸盐（以氮计）的含量不得超过

10 毫升/升。

（四）推广机械化挤奶

奶牛场（户）应尽快实行机械化挤奶，管道输送，直冷式降温罐贮运。

挤奶人员经培训合格后方可上岗操作。挤奶要根据奶牛与排乳的生理特点，严格按照操作规程进行操作。

以最大限度减少原料奶的污染。乳房炎病牛不得上机挤奶，应转入病牛群手工挤净后治疗。

挤奶环境应保持安静，对牛态度和蔼，严禁粗暴或打骂，以免破坏奶牛正常泌乳机能。

挤奶机、贮奶罐使用前后均应清洗干净，并按操作规程的要求放置。

奶牛出场前后自检，不合格者不应出场。国外奶业发达国家规定牛奶中体细胞（scc）不超过 40 万/毫升（有的为 20 万/毫克）。

机械设备应定期检查、维修和保养。

（五）提高奶牛福利待遇

当前不少奶牛场（户）整体饲养管理水平不高，在很大程度上影响了奶牛健康和生产性能的发挥。所以，为了提高奶牛的饲养管理水平和与国际先进水平接轨，必须提高奶牛福利待遇。美国养殖动物人道关爱组织（HFAC）对在符合动物福利条件下生产的牛奶贴上“人道养殖”认证标签，供消费者选购。奶牛福利是衡量奶牛生存环境和生活质量好坏的标准，也是人类社会文明的体现。世界动物卫生组织（OIE）对动物福利已制定了基本要求。如发展中国家产品的质量不达标，不准进入发达国家市场。英国皇家防虐待动物协会（RSPCA）提出农场动物福利实施 5 个自由：①享有不受饿受渴的自由；②享有生活舒适的自由；③享有不受痛苦、伤害和疾病的自由；④享有生活无恐惧和悲伤感的自由；⑤享有表达天性的自由。

关于动物福利的含义，其实质是善待活着的动物，为其提供舒适的饲养环境，给予完善的营养，保持其身体健康，以求提高饲料消化率，降低饲养成本，增加生产，以获得更高的经济、生态和社会效益。

有关提供奶牛舒适饲养环境和供给完善营养等问题已做了介绍。现就其健康等问题简述如下：

1. 清除废渣及恶臭的污染 废渣是指粪便、垫料、废饲料及毛等固体废物；恶臭是指一切刺激嗅觉器官引起人们不愉快及损害生活环境的气体物质。

奶牛场（户）每天排出的废渣和恶臭中含有大量的氮磷和药物添加剂的残留物以及致病菌，它不仅是污染空气、土壤和水源的有害成分，还会给许多病菌和传播病菌的虫、蚊、蝇等有害昆虫创造孳生的环境。这些污染如不及时处理，大量的病原微生物、细菌、寄生虫卵以及蚊、蝇的孳生，极易造成人畜传染病蔓延和暴发。所以，为了解决废渣及恶臭的污染，必须根据生态规律，采取综合防治措施。如粪便的干处理法、堆肥处理、固液分离处理、恶臭气体处理技术等以及干燥法、沼气法等等。这些技术对治理奶牛场（户）的污染都有良好的效果。但这些方法由于投资较大难于全面推广，现择其简单易行的方法分述如下：

（1）废渣及时清理，防潮除湿，保持场内舍内干燥，合理组织舍内通风，以减少舍内微粒、微生物。

(2) 堆积沤肥，作为农田肥料。首先彻底杀灭废渣中多种病原体、寄生虫虫卵，以减少有害气体的产生，防止废渣污染环境。

(3) 废渣直接用于生产沼气。建立沼气池、充分利用粪尿进行生物发酵生产沼气，发酵后的沼渣、沼液用于肥田。

(4) 建立生态奶牛场（户），应用生态学原理，建立生态工程处理系统。如以农牧结合、渔牧结合、果牧结合等多种形式，建立生态奶牛场（户），以实现多级循环利用。

2. 减少药残及重金属的污染 药物重金属残留不仅对环境，而且对人类是一种威胁。如以抗生素为例，食入后最终多数抗生素排出体外，极少量残留在体内，这些残留的抗生素，则对人体产生毒副作用。所以治病应尽量不使用有毒药品。我国 2001 年颁布的“无公害食品生鲜牛乳”(NY5045—2001) 卫生要求指标中，规定：“抗生素不得检出。”砷的含量不高于0.2毫克/千克。

3. 开展以消毒为基础、免疫为中心的兽医防病工作 奶牛场（户）必须建立消毒制度，定期开展场内外环境消毒、牛体表消毒、饮用水消毒等，并对进出车辆和人员（包括工作人员）进行严格消毒以求达到消灭被传染源散播外界环境中的病原体，切断传播途径，阻止疫病继续蔓延。此外，对被患病牛污染的垫草、饲料、用具、牛舍、运动场所及粪尿等更要严加消毒，对患结核病、布病或其他疫病牛有关的牛舍、用具及运动场必须进行临时性消毒。消毒剂应选择对人、牛和环境比较安全，没有残留毒性，对设备没有破坏和在牛体内不应产生有害积累的消毒剂。酚类消毒剂不可用。

为了使牛群产生对传染病的特异免疫力，免疫接种是预防和治疗传染病的主要手段。奶牛场（户）对每头牛必须个个免疫接种。

为了把奶牛的损伤和疾病风险降低到最小限度，除坚持定期检疫外，发现病例应迅速诊断、隔离和治疗。在治疗过程中应最大限度的减少化学药品和抗生素的使用，泌乳牛在正常情况下禁止使用任何药物，必须用药时，奶废弃期不少于 7 天（美国规定是 90 天）。与此同时，奶牛场（户）还应严防乳头炎、肢蹄病及不孕症等。对结核病、布病奶牛应尽快淘汰。

（六）加强对创建高效生态奶牛场（户）的宣传

截至目前，人们对创建高效生态奶牛场（户）的意识比较淡薄，还没有认识到生产生态（有机）产品的重要意义。所以很有必要通过广播、影视、报刊等各种形式宣传生态和环保知识，增强人们的生态环境意识。此外还应在政策上倾斜（加大投入）或立法，使奶牛场（户）有动力和压力创建生态奶牛场（户）。与此同时还应该使广大消费者知道食用生态（有机）奶的益处，自愿多花钱买生态奶喝生态奶，这是开发生态奶的市场需要，也是发展生态奶牛场（户）的基础。

（作者：天津农学院教授，西部生态奶业研究中心常务副理事长）

构筑奶牛业运行新体系

徐春阳

饲养管理不规范、服务水平不到位等，仍然是当前制约我国奶牛业健康发展的主要原因，致使奶牛养殖业单产水平低、规范化饲养水平低、科技含量低、抵御市场冲击能力差，传统落后的饲养管理模式正面临着新的挑战。有资料显示，目前我国成母牛单产不及发达国家的一半，造成了人力、资源的严重浪费。“十一五”期间，合理配置资源，提高奶牛单产水平，实现奶牛业由数量增长型向数量质量并重型方向发展，提高综合效益将是奶牛业发展的重点。而提高综合经济效益的关键是要建立一套保证奶牛业高质量运行的新体系，旨在使生产更规范、管理更科学、服务更完善、效益更明显。

（一）构筑奶牛业运行新体系的重要意义

1. 发挥资源优势，实现资源合理配置 要依托资源优势发展奶牛业，在实际发展过程中，必须要从本单位的实际出发，通过综合调查、统一规划来确定载畜量，即通过合理的有效资源利用，达到既不造成资源浪费又提高经济效益的目的，使其确定的发展数量科学、合理。资源的合理利用体现在工作有计划、发展有目标、运行有保障。

2. 提高奶牛饲养管理技术水平，推动奶牛业科技进步 一是摒弃原始、落后的生产管理模式，推进规模经营；二是实行规范管理，提高繁殖、产奶等生产水平；三是在奶牛饲养中广泛采用先进的技术；四是改变原有与生产力不相适应的运行机制，使其机制更合理、方式更完善。

3. 调整种植业结构，发展生态型奶牛业 构筑奶牛业运行新体系，不应以牺牲和破坏环境为代价，而应通过对资源的合理利用，通过秸秆过腹增值和粪便发酵后的综合利用反哺于农业，形成人、畜资源的和谐发展。同时，又可通过禁牧、休牧、合理轮牧、种草、营造草原防护林等综合措施，使奶牛业可持续发展，重点解决既要快发展、大发展又要恢复草原植被的矛盾，实现可持续发展。

4. 提高奶牛总体生产能力和综合经济效益 构筑奶牛业运行新体系的重要手段在于增加奶牛业的科技含量、有效投入和服务内容，而这些投入为提高奶牛业的生产水平提供了前提和保证，在提高经济效益上又上了一个新台阶。

5. 推动奶牛业生产一体化建设，加快现代化生产步伐 随着人们生活水平的提高，特别是对牛奶需求量的加大，奶牛业不仅在饲养方式上、管理手段上、服务内容上、龙头连接方式等方面要上层次、上水平，而且要实现在发展中变革到质的飞跃，从而提高生产力水平，创造出更多生产价值，推进规模化经营、规范化饲养、科学化管理、专业化生产、社会化服务、产业化运行的现代化进程。

（二）构筑奶牛业运行新体系的有利条件

1. 奶牛业区域布局合理，主产资源丰富 长期以来，奶牛业的发展渐显出它的区域性。就黑龙江而言，宾州线附近奶牛业多处于世界养牛带、玉米种植带和羊草产区，这不仅为奶牛业发展提供了优越环境，更重要的是提供了优质饲草饲料资源。同时，对秸秆的综合利用也为奶牛业的发展提供了前提条件。

2. 具备了理论基础，积累了丰富经验 长期以来，众多科技人员对奶牛业中的各环节一直在进行研究，根据各区域特点、地理、气候等不同情况，探索出了奶牛业发展的一些新路，掌握了一些新方法、提供了重要数据，为奶牛业可持续发展和高质量运行奠定了坚实的基础。我国的奶牛业能在较短的时间内有较快的发展和较好的运行质量，还得益于广大养牛户在长期的饲养管理过程中积累的丰富的经验，这是实践的总结。

3. 科研和推广体系的健全为奶牛业运行提供了技术支撑 在奶牛业发展进程中，一些高校、科研院所深入养牛第一线，针对生产中出现的问题，通过科技大集、现场办班、现场咨询等方式，为养牛户排疑解难，解除了养牛户后顾之忧，使教学、科研、生产紧密结合，为奶牛业的发展提供了技术支撑。

4. 社会化服务体系建设逐步完善，服务体系不断增强 多年来，许多地方在发展奶牛业的实践中，根据当地实际情况，相继配备了配种、防检疫、治疗等综合服务人员，为奶牛业发展提供了保证。

5. 政府出台相应政策推动奶牛业的发展 一是由于政策的调整，养牛户发展奶牛业的积极性提高；二是奶牛业的比较效益愈来愈明显；三是随着国家对龙头企业的规范，其牵动力不断增强；四是服务体系建设逐步趋向完善。这些都为奶牛业的发展提供了宽松的环境。

（三）构筑奶牛业运行新体系的主要对策

1. 构筑繁殖育种体系 一是搞好选种选配。一个区域、一个场要制定选种选配计划，严格按计划执行，任何人和单位不准私自乱购冻精，以避免造成近亲繁殖和选配计划失调。根据各地实际情况不同，对于户养奶牛可采用群体选配，国有和股份制奶牛场采用个体选配的办法。选配计划的实施要形成制度化。二是畜牧主管部门和基层技术人员要严格按统一要求，建立奶牛档案、填写卡片。对于各个时期的生长、生产、繁殖等内容都要作认真详细的记录，对建档的奶牛要注意在建档前的照片存档和耳标的集中编号，便于集中管理。三是对建档的奶牛卡片要实行微机化管理，同时要注意新生犊牛的按时记录和淘汰牛的调出记录。四是对一些规范管理水平较高的农牧场和集中饲养管理的奶牛小区进行奶牛生产性能测定（DHI）。五是在有条件的地方，特别是一些饲养小区，可根据情况，建立奶牛专家管理系统，这样既可以对一些育种资料进行完整的积累，又可以对育种中出现的一些新问题进行准确判断。

2. 构筑饲草饲料体系 一是要改变现有的饲草饲料结构，即由原来的羊草、秸秆、青贮的“三元结构”变为羊草、秸秆、青贮、苜蓿的“四元结构”。按照黑龙江省提出的“苜蓿奶”工程，在“十一五”期间使每头奶牛饲喂苜蓿草比例达到粗饲料的20%以上，以提高奶牛的综合生产性能，降低发病率，提高经济效益。二是要在推进奶牛规模化经营的同时加快推进专业化生产的进程。即奶牛业达到一定规模，要有与之配套的饲草公司、饲料公司、青贮公司、运输公司、奶牛全混合日粮加工公司。这些公司要由有关部门进行精心组织、政策扶持、具体指导，使专业户与养牛户之间的联结形成合同关系、利益联结关系，最终形成发展奶牛业的共同联合体。三是养牛户在采用常规饲料配合的同时，对市场出售的奶牛预混料、浓缩料要有计划、有选择地使用，以防止添加代替蛋白质饲料比例过高造成的奶牛繁殖力下降等疾病发生。四是条件成熟的地方可建设饲料加工厂，使基地的产加销联为一体，保证奶牛所用饲料的安全、可靠。

3. 构筑科学管理体系 一是根据当地奶牛业发展的实际，制订奶牛饲养管理操作规程，其规程要符合实际，既要易懂又要有章可循。二是必须加快与奶牛业发展相配套的基础设施建设，各地应据实际情况，建设有一定规模、有一定档次的奶牛小区，按要求实行规范化生产和管理，通过集中饲养、集中管理、集中榨乳、集中技术服务，提高科学管理水平，使奶牛业由粗放型向集约型转变、由游牧式向全舍饲转变、由分散型向集中型转变、由松散型向紧密型转变、由兼营式向规范化转变；根据需要和条件，实行种植业和养殖业分离、经营者和所有者分离、生产区和生活区分离。三是对于一些示范性的奶牛场（小区）要采用现代化手段进行管理，重点要采用奶牛全混合日粮技术、自由采食、计步器跟踪、补料识别器、电视监控系统等。四是要把提高饲养管理人员的素质作为构筑奶牛业生产运行体系的重点，通过举办培训班、播放专题片、现场服务、具体指导等方式对饲养管理人员进行培训，使人员的管理水平逐步提高，使之与生产要素紧密结合。五是要采取综合措施，确保一些实用科技成果的转化。重点要把奶牛冻精配种技术、奶牛性控技术、奶牛乳房炎综合防治技术、防检疫综合配套技术等应用到奶牛生产中去。

4. 构筑服务保障体系 奶牛业发展的速度快慢和运行质量好坏，与其服务体系的建设紧密相关，因此说服务保障是一个系统工程。

（1）建立防检疫服务体系。一是要形成网络化，即一个县、场的防检疫服务体系要具体规划、全面布局，从县、场到乡、镇、村都要有专人专责，不能留死角，使防检疫工作形成制度化管、网络化防；二是要在提高技术人员素质和专业水平上下工夫，要通过“请进来、送出去”、“传、帮、带”、技术交流等方式提高技术人员的专业水平；三是畜牧技术人员要严格按国家《动物防疫法》的要求，对牲畜进行防疫注射，要明确任务和责任，要有纪律约束，要有制度保证；四是要加大日常防检疫工作力度，制订科学的免疫、消毒程序，配备必要的基础设施、设备，要特别重视对一些突发传染病、人畜共患疾病的应急预案；五是对检出的布病、结核等疫畜，有关部门要制定必要的补偿政策，以保证奶牛业的健康可持续发展。

（2）配套服务体系。奶牛业的防检疫服务体系建设固然重要，但在实际生产中，一些综合配套服务仍然是服务中的重要环节，主要包括牧草生产与收获系统、青贮生产与收获系统、饲料生产与收获系统、机械榨乳与管理系统，并使各项服务协调一致，紧密结合。

（3）建立奶牛保险机制。奶牛业在饲养管理过程中，受疫病、自然和市场等多种风险影响，为提高应对市场能力，应采取政府、企业和养殖户共同出资的办法，建立奶牛保险机制，增强抵御风险的能力。

5. 构筑草场生态环境保护体系 一是采取强有力措施对“三化”（沙化、退化、盐碱化）严重的草原实行禁牧，变游牧为舍饲，尽快恢复草原植被，保持草业可持续发展；二是固定原有草原的长期承包形式，固定期可在10～30年，由承包者对承包草原实行有计划投入，提高产草量；三是对“三化”严重的草原进行浅翻耙、种草等有效改良，提高草原的综合利用率；四是通过对草原“三化”情况进行调查，适合的地方可大力种植苜蓿草，以改变奶牛的粗饲料结构；五是通过营造草原防护林，达到防风固沙、保护草原的效果；六是通过对牧草的捆包、苜蓿草的裹包和再加工，使牧草生产产业化。

6. 构筑奶业产业化体系 一是必须以市场为导向，以经济效益为核心，以牛奶生产为基础，以奶业社会化服务组织为纽带，使奶业的生产、加工、销售环节连为一体；二是要形成市场牵龙头、龙头带基地、基地连农户的格局，真正体现“公司＋基地＋农户”的运行方式，这种方式应有很强的操作性；三是要形成风险共担、利益共沾的机制。龙头企业可通过为基地提供服务费、利润返还、市场风险金等方式，对基地给予扶持，使龙头和基地的利益紧密连接在一起，实现“双赢”，促进龙头和基地的协调发展。

7. 构筑行政保证体系 一是奶牛业的发展要有可行的中长期发展规划，一个地区、一个场在确定发展战略后，所制定的计划、规划，一经确定，其战略目标不应因领导交替而任意变动；二是要加强对畜牧管理人员的培训，提高管理人员的创业能力、经营管理能力和经营决策水平；三是要根据奶牛业的发展制订相应的扶持政策；四是制订与奶牛业相配套的地方标准，实施标准化生产；五是要增加奶牛业科技项目和经费投入，推动奶牛科技进步；六是要有整体措施保证完成各项目标；七是要形成一套发展奶牛业的规范机制，实现领导、服务人员、养牛户思路、目标、配套措施一体化，使奶牛业朝着预定目标健康、高效、持续发展。

（作者单位：黑龙江省绿色草原牧场）

奶牛的饲草生产和利用

李向林　何　峰

（一）饲草在奶牛生产中的重要性

种草养奶牛，大力发展奶业对农业产业结构调整、社会主义新农村建设有着深远的意义，同时也是发展现代农业，提高农业综合生产能力的主要途径之一。国际上农业发达国家，农业主导产业都是畜牧业，农业产业结构中，畜牧业的比重超过了60%，有的甚至达到70%～80%，其中牛奶的产值占到畜牧业的第一位。我国目前畜牧业产值占农业总产值的32%左右，其中耗粮型猪肉生产占有很大的比重，不能很好适应国家的粮食安全战略和限制了农民生活水平进一步的提高，因此要想彻底解决我国的“三农”问题，农业产业结构急需调整。

奶牛的主要饲料是粗饲料，奶业是节粮型的畜牧业，大力发展节粮型的畜牧业能缓解我国粮食紧缺问题，有利于保障国家粮食安全；此外大力发展种草养奶牛也是实现农业可持续发展，提高农业的经济效益和社会效益的有效途径。奶业生产兼容了农业、工业、服务业三大产业，涉及饲草种植、家畜良种繁育、疫病防治、加工冷藏、物流配送及销售终端网络等多个环节，产业链较长，可以带动乳品包装和加工设备等相关产业的发展。因此奶业是实现我国由传统农业向现代农业转变的一条新路，是农业产业结构调整的主攻方向，是减少农村剩余劳动力和加速农民致富的重要途径。

我国奶业起步较晚，急需进一步的发展，有关统计表明，我国现有存栏奶牛1 065万多头，平均单产奶量 3.5 吨左右，而畜牧业发达国家奶牛平均单产则高达 7 吨。根据2005 年对呼和浩特市奶牛养殖户效益调研表明，如果每头奶牛单产 3 吨，则年收益仅为1 698元；单产增加到 4.5 吨，则年收益4 175元；单产达到 6 吨，年收益则上升到5 969元（年收益中包括牛犊和牛粪的收入）。由此可见，要想提高个体奶农的收益，必须提高奶牛的单位产奶量。在比较发达的地区单产较高，如北京地区为 6.8 吨左右，上海地区达到 7 吨左右，新疆呼图壁种牛场，246 头成年母牛曾创年单产牛奶 9.5 吨的记录，这与饲料成分中苜蓿干草占很大比重密不可分，由此可见牧草在发展奶牛业中的重要性。

奶牛不适合吃配合饲料，世界所有畜牧业发达国家均以牧草养奶牛。奶牛业发展促使种植业结构也发生了调整，饲料作物面积占到农业耕地面积的 70％以上，其中 80％是人工牧草，20％是饲料谷物。以饲料作物为主，饲料作物、经济作物、粮食作物构成农业的三大产业。目前我国种植业正在从以粮食作物和经济作物为主的二元模式，向粮食作物、经济作物和饲料作物的三元结构进行调整，饲料作物的发展将推动奶业的迅速发展。

目前很多人对种草还存在着很多认识上的误区，认为草遍地都是，不用费时费力的种。我们这里提倡种的草是指产量高、营养价值好，能够为家畜生产提供大量营养物质的优良牧草，并不是传统意义上的野生杂草。

（二）饲草对奶牛的营养价值

牧草和牧草的初级加工产品，如青饲、青贮、干草、干草捆（块）、草颗粒、草粉等，除含有丰富的粗纤维、粗蛋白外，还富含多种维生素和矿物质。粗纤维的理化特性对于刺激奶牛的咀嚼活动和维持稳定的乳脂率是十分重要的，牧草含有丰富的粗纤维，可供奶牛尽情地享受反刍的乐趣，满足奶牛的采食习性和消化生理；牧草（尤其是豆科牧草）含有的丰富蛋白质，是奶牛最经济的粗蛋白来源；丰富维生素和矿物质，是奶牛最安全的绿色饲料。

1. 饲草对奶牛产奶量的影响 奶牛的产奶量在相当大的程度上取决于干物质进食量，由于目前奶牛养殖中使用的粗饲料品质较差，很多奶农采取提高精料比例，来提高干物质进食量，最终导致牛奶乳脂率的降低和奶牛生产性能的下降。如何在保证牛奶品质的情况下进一步提高产奶量，优质牧草是一个重要途径。试验表明，将生长旺盛期禾本科牧草、盛花期豆科牧草，及时晒制成青干草，含有大量有效纤维素和适量蛋白质，可减少精饲料消耗量的40%；每头奶牛每天饲喂20～30千克优质带穗青贮玉米，可以明显增加产奶量。由此可见要实现合理可持续的增加产奶量，关键是提高奶牛日粮中粗饲料的营养品质和适口性。

2. 饲草对牛奶品质的影响

（1）乳脂率。由于目前使用的粗饲料营养成分较低，品质较差，奶农为了提高产奶量，片面地增加精料的数量，粗饲料不足，使瘤胃乙酸生产下降，乳脂率降低。牛瘤胃产生的挥发性脂肪酸中，乙酸除了作为能量来源外，同时可以作为牛乳脂肪合成的原料，而乙酸的来源是粗饲料中的纤维素，特别是干草。实践中，日粮中干草维持在1～2千克时，牛乳中的脂肪率将会降低0.3%～0.5%，最适宜的日粮应含有5千克干草。日粮中，若用秸秆代替40%的干草，可以大幅度降低产奶量和乳脂率。当日粮中粗饲料所占比例降至40%以下时，乳脂率含量明显下降；粗饲料比例低于10%时，乳脂率含量降至2%以下（正常为3.2%～4%）。

精饲料含有丰富的碳水化合物，饲喂过多的精料将会改变瘤胃的消化过程，增加丙酸的形成，降低乙酸的含量，丙酸不能用于合成乳脂，因而导致乳脂率降低。建议产奶母牛每产1千克奶，精料不要超过300克。“以料换奶”的生产方式，不但造成精料的浪费，增加饲养成本，而且会影响奶牛的繁殖，易引起瘤胃酸中毒、瘤胃迟缓等的发生，降低养牛效益。

（2）保健物质。共轭亚油酸（CLA）具有抵制癌细胞生长与转移、降低脂肪的沉积、抗氧化、抗动脉粥样硬化、增强免疫和减少脂肪的作用。

天然的优质共轭亚油酸主要来源于反刍家畜的乳和肉中，每克乳脂中CLA含量从2毫克到25毫克不等。共轭亚油酸是瘤胃微生物在氢化饲料中的不饱和脂肪酸过程中形成的中间产物，另一个来源被认为是亚油酸在动物体内发生了自由基氧化反应的结果。研究表明，饲料对反刍动物乳中CLA浓度有主要影响，长时间饲喂天然牧草的奶牛比吃粗精料比为50∶50的奶牛，CLA含量高500%。日粮中含有1/3牧草、2/3牧草和全牧草饲料的奶牛乳中CLA含量逐渐增加；此外，吃多年生黑麦草的奶牛，乳中CLA含量明显高于吃干草奶牛。

3. 饲草对奶牛自身健康的影响 奶牛是以食草为主的反刍动物。多利用优质牧草，既可以减少精饲料的用量，降低饲料成本，又有利于奶牛的健康。重视精饲料的投入而忽视粗饲料的投入，会造成饲料精粗比例失衡，导致奶牛瘤胃酸中毒和牛奶乳脂率偏低，并且奶牛受胎率降低，难产率、产后胎衣不下率明显升高，乳房炎、蹄叶炎、皱胃变位等代谢病发生率提高。

（三）适合奶牛饲养的主要饲草特点

目前我国奶牛日粮的粗饲料基础是玉米青贮和苜蓿干草：

1. 青贮玉米特点 青贮玉米营养丰富，非结构性碳水化合物（主要是淀粉和可溶性碳水化合物）含量高，单位面积产量高，生物产量可达 60～105 吨/公顷。与紫花苜蓿等其他饲料作物相比，玉米青贮饲料有相对较高的纤维素含量，主要包括中性洗涤纤维和酸性纤维，但其木质素含量较低，木质素与中性洗涤纤维和酸性洗涤纤维的比率较低，有良好的消化和吸收作用。在较长的收获期间，其营养价值保持一致。

优质青贮玉米不仅提供能量，而且含有较丰富的维生素，是缺青季节的优质青粗饲料。如果选择适宜的青贮玉米品种并合理密植，在乳熟期刈割并制作青贮，单位土地面积的有效养分总产量明显高于成熟玉米籽实与其秸秆之和，制作带穗青贮玉米又能避开秋收农忙季节。因此，提倡制作带穗青贮玉米。

2. 苜蓿特点 豆科牧草是集约化奶牛养殖最可靠、最经济的优质蛋白质来源。紫花苜蓿的干物质中，粗蛋白质含量高达18%～24.8%，蛋白质含有20种以上的氨基酸，包括人和动物所需的全部必需氨基酸，以及一些稀有氨基酸（瓜氨酸、刀豆氨酸等），其中赖氨酸的含量为1.06%～1.38%。苜蓿叶蛋白与联合国粮农组织推荐的成人氨基酸模式基本符合，因此大面积种植苜蓿可解决人、畜蛋白质紧缺的问题。苜蓿还含有大量可供反刍家畜利用的非蛋白氮（游离氨基酸、肽、酚胺、嘌呤和生物碱等），约占苜蓿总氮量的33%。非蛋白氮对非反刍家畜利用价值不高，但能被奶牛瘤胃微生物很好利用，青贮后的苜蓿有大量蛋白质水解为氨基酸，其非蛋白氮含量可高达50%以上。苜蓿草叶蛋白中各类氨基酸含量接近动物性蛋白，赖氨酸、色氨酸等氨基酸模式合理，组成比例较为均衡，其营养价值和饲料效果均与鱼粉相当，并高于大豆饼、花生饼等，能明显地增加奶牛体重和产奶量，改善奶产品的品质，降低饲料消耗率，提高饲料的转化率等。

3. 其他牧草的特点 多年生豆科牧草包括：白三叶、百脉根和红三叶等。它们都是奶牛日粮中粗蛋白的提供者，是很好的蛋白质饲料源。白三叶草，喜温，不耐寒，不耐旱，耐阴湿，是果园、林间隙地、沟坡地段的适选品种，匍匐生长，草质好，可连续利用7～8年，耐践踏，是一种理想的放牧型牧草，但青饲放牧时要预防牛羊臌胀病发生。红三叶抗寒力中等，不耐高温干旱，不耐贫瘠，不耐盐碱，最适于在夏天不太炎热，冬天温暖，年降雨量在1 000毫米的地区种植。

多年生禾本科牧草包括无芒雀麦和黑麦草等。无芒雀麦是多年生牧草，喜温、抗寒、耐贫瘠、耐盐碱，高产持续期6～7年，蛋白含量不低于豆科牧草，消化率高，是适合北方种植的优良牧草；多年生黑麦草适口性好，质地柔嫩，营养丰富，消化率高，是适合我国南方中高山地区栽培的优良牧草，能与白三叶、鸭茅和红三叶等建立优良的多年生人工草地。

一年生暖季型饲草有墨西哥玉米、苏丹草、高粱—苏丹草杂交种、狼尾草、杂交狼尾草和杂交象草等，大部分是四碳（C_4）的牧草，产量高、生长快，类似于青贮玉米。墨西哥玉米具有分蘖力强，再生性好，高产优质的特点，茎秆粗壮，枝叶繁茂，质地松脆，具有甜味，是牛、羊、兔、鱼、猪、禽的极佳青饲料；苏丹草喜温不耐寒，耐旱怕霜冻，根系发达，株高2～3米，苗期生长缓慢，不宜连作，与豆科牧草混播效果很好，茎叶产量高，含糖高，营养丰富，适喂于各种畜禽，幼苗期含氢氰酸，刈割后要稍加晾晒，可防止中毒；高粱—苏丹草杂交种是苏丹草和饲用高粱的杂交种，兼据苏丹草茎秆细、再生性好和饲用高粱产量高、抗性好的特点，适合放牧或多次收割，也是青贮或绿肥作物；狼尾草是粮饲兼用型牧草，耐热、耐旱、耐湿、不耐寒，喜肥水温湿，适于各种土壤，植株高大，枝繁叶茂，分蘖力强，质地柔嫩，品质好，是多种食草畜禽的优质青饲料。

一年生冷季型饲草有小黑麦、燕麦和多花黑麦草，在南方主要用作冬闲田种草或者冬季补播饲草种，在北方小黑麦和燕麦作为冬春饲料作物种植。小黑麦是通过小麦与黑麦属间杂交和应用染色体工程育种技术人工创造的新物种，它兼具了双亲的优质、高产、抗病、抗逆等优良特点。茎叶生长繁茂，分蘖多，叶量大，叶茎比高，青饲产量高，可作为青贮、青饲、优质草粉和干草利用，农区、农牧交错带及城市郊区推广种植面积较大。燕麦是禾本科燕麦属一年生草本植物，疏丛型，须根系，茎秆直立，适于生长在气候凉爽、雨量充足的地区，东北、华北和西北的高寒地区种植面积大，燕麦抗旱性弱，需水量较其他谷类作物多，对土壤选择不严，各类土壤均可种植，常作为奶牛的青饲、晒制干草、青贮利用。多花黑麦草是我国亚热带地区冬闲田种植的主要牧草，其营养品质高，生长快，产量高。

籽粒苋是一年生叶菜类牧草，株高2～4米，喜温，不耐旱，不耐寒，适宜多种土壤生长，抗逆性强，茎叶柔嫩，适口性好。

（四）奶牛对饲草的利用方式

1. 放牧饲养 奶牛放牧是指在适宜的时期内将奶牛牵赶到有放牧条件的草场，使其自由采食青草的一种行为。放牧饲养是奶牛业中一举多得的饲养方式：不仅可以让牛吃到喜欢的优质牧草，增大采食量，提高营养，降低饲养成本，增加奶量，提高奶质，还可使奶牛享有充分的运动量，增强体质，并能随时发现发情奶牛，及时掌握配种时间；牧地投资较少，只需1～2个牧工就可放牧一群牛，有利于节约人力、财力。人工草地要施肥及田间管理；牛排尿排粪量大，不易清除干净，尤其牛尿更是如此，在草地上放牧的牛粪尿落入土中，充作有机肥，可促进牧草生长，有利于环境保护。而在牛舍饲养奶牛需购买、加工精料、粗料，人工饲喂，清除粪便，需要花费很多劳力。

目前我国在奶牛放牧饲养上的问题是家畜数量逐年增加，放牧管理技术跟不上，超载过牧现象严重，未开展科学地划区轮牧，草地逐年退化，引起一系列的生态问题。

2. 青贮利用 青贮饲料是一种能量、蛋白质、维生素和矿物质等方面能够保持平衡的饲料。青贮饲料气味酸香，柔软多汁，颜色黄绿，适口性好，为乳牛冬、春季的优良青绿多汁饲料。例如将整株玉米青贮，含有丰富的能量，实际上是一种精粗各半的饲料。青贮玉米适口性好，浪费少，并且有轻泻作用，是奶牛的基础饲料。奶牛饲喂充足的优良青贮玉米，产奶量稳定。

青贮玉米、小黑麦或苏丹草等饲草碳水化合物含量高，在厌氧环境下，乳酸菌生长迅速，pH 很快降到 4.0 附近，所有微生物活动停止，原材料养分得到很好的保存；碳水化合物含量较低、蛋白质含量高的材料进行青贮时往往采用凋萎青贮（水分 60%～70%）和半干青贮（水分 45%～60%）。凋萎青贮和半干青贮对厌氧环境要求较高，采用传统的青贮窖进行青贮不易成功。目前比较先进的技术是采用拉伸膜裹包青贮技术，此技术在大的奶牛场得到很好的推广应用，在个体农户上，由于设备和拉伸膜的成本较高，推广起来有一定困难。

青贮的适宜饲喂量是占奶牛日粮干物质的 20%，加大饲喂量，牛奶的乳脂率相应降低，因为青贮的 pH 较低，过量采食会造成瘤胃生成的乙酸量减少，致使乳脂率下降。

3. 干草利用　干草是指牧草或青草在结籽实以前刈割，晒干或烘干的产品，它是奶牛不可缺少的粗饲料。优良的干草，质地柔软，气味芳香，适口性好，养分丰富，消化率高，营养价值高。刈割时期和晾晒不当的劣质干草品质很差。

在奶牛日粮中利用较多的是羊草干草和苜蓿干草。羊草是多年生草本植物，中国东北松嫩草原的优势草种，羊草干草营养丰富，粗蛋白质 13.35%左右；紫花苜蓿干草粗蛋白含量通常在 18%以上，所以用苜蓿干草代替玉米青贮、羊草干草以及部分精料以后，仍能够满足高产奶牛的泌乳各阶段对饲料粗蛋白含量的要求。

苜蓿干草粗蛋白的瘤胃降解率在70%以上，缺乏过瘤胃蛋白，所以需要与过瘤胃蛋白含量较高的蛋白质饲料配合使用，在日粮中的使用量也就不可能达到100%。从NDF角度看，苜蓿干草的中性洗涤纤维含量虽然低于玉米青贮、羊草和玉米秸秆，但第一茬刈割的苜蓿干草的中性洗涤纤维含量也能达到40%以上。奶牛如果100%采食苜蓿干草，则干物质远远达不到日粮要求，从而严重降低产奶量。苜蓿干草的产奶净能含量高于玉米青贮、羊草和玉米秸秆，但单独饲喂苜蓿干草是不能满足奶牛产奶净能的需要，必须配合一定量的精料才能满足需要。高产奶牛日粮的精粗料比重控制在40∶60较为合适。

总而言之，放牧饲养奶牛和舍饲相比可以节约成本，保持奶牛的健康。目前由于草地超载过牧现象严重，造成草地退化等生态问题，急需要制定草原合理利用的有效措施，实行划区轮牧制度；由于奶牛生理结构的特殊性，一种牧草粗饲料很难比较全面的满足奶牛的全部营养需要，高产奶牛中的日粮组成必须根据奶牛各阶段的营养需要确定，利用不同饲草科学合理搭配来满足奶牛对粗饲料的综合要求。

（五）奶牛饲草发展的展望

目前世界上各个国家都非常重视奶业的发展，但不同国家的奶业发展趋势不同，发达国家奶业发展平稳，发展中国家则发展迅速，尤其是亚洲国家增长速度较快。发达国家采取适当减少奶牛饲养量，提高奶牛单产水平，注重牛奶的品质和安全，保持奶总产量的平稳增长。多数发展中国家，例如我国，在注重增加奶牛饲养量的同时，致力于提高母牛单产水平。

不同国家奶业发展的趋势决定了自身牧草发展的趋势，发达国家更加重视牧草的营养品质和营养丰富的优良牧草的种植，紫花苜蓿是美国种植面积仅次于玉米、小麦和大豆的第四大作物，主要是为了收获商品干草。由于现阶段我国奶牛饲料主要依靠作物秸秆和少量的天然牧草，而奶牛精饲料中主要的能量饲料是玉米，奶牛专用蛋白质饲料缺口越来越大，优质牧草和饲料作物十分缺乏，因此我国饲草发展的趋势是：高产优质牧草的种植面积将增大，尤其是青贮玉米。同时为了缓解国家粮食安全问题，避免粮食用地和饲料用地之间的矛盾，粮饲兼用和粮饲通用型玉米的新品种选育将得到进一步的加强，种植面积将迅速增大；粗蛋白含量高的豆科牧草，特别是高产和适应性广的耐盐、耐寒和耐旱苜蓿等豆科牧草新品种选育和种植面积将进一步增大。

牧草饲料的发展势必对提高我国奶牛单产水平，提高牛奶品质以及保持奶牛自身健康等方面产生重要影响，是我国奶业实现可持续发展的基础条件之一。

主要参考文献

[1] 国家科技部，农业部．首届中国奶业科技发展论坛．陕西日报，2005-10-20.

[2] 于孝东，李玖．我国奶业产业化发展现状与分析．饲料广角，2003 (5)：20—22.

[3] 李胜利，王雅晶，范学珊．奶牛营养中的热点话题．中国奶牛，2004 (2)：21—24

[4] 李胜利．饲料营养与牛奶品质．中国供销商情·乳业导刊，2005 (7)：53—57

[5] 李志强．苜蓿干草营养价值评定方法研究进展．饲料广角，2002（11）：21—24

[6] 李志强，李新胜．苜蓿干草的碳水化合物营养特性．中国奶牛，2005（1）：34—36

[7] 李志强．高产奶牛日粮中苜蓿干草适宜添加量．养殖技术顾问，2004（11）：4

（作者单位：中国农业科学院畜牧研究所）

苜蓿干草的蛋白质营养特性

李志强　曹永祥

苜蓿干草是奶牛的优质粗饲料，其突出的特点是粗蛋白含量很高，是奶牛蛋白质营养的重要来源。由于我国历史上对苜蓿干草营养价值的研究甚少，苜蓿干草的蛋白质营养特性还不广为人知，本文收集了国内外一些有关苜蓿干草蛋白质营养特性的资料，以期为探讨以苜蓿干草为主要粗饲料的奶牛蛋白质营养提供科学依据。

（一）苜蓿干草蛋白质的含量、分布部位、种类

苜蓿干草的粗蛋白含量较高，优质苜蓿干草的粗蛋白含量通常在 20%以上（干物质基础），几乎高于所有的禾本科干草、玉米青贮以及作物秸秆。苜蓿干草的粗蛋白主要分布于叶，叶的粗蛋白含量通常为 22%～30%（干物质基础），茎的粗蛋白含量较低，通常为 12%～18%（干物质基础）。影响苜蓿干草粗蛋白含量的因素很多，主要的有品种、生育期、刈割茬次以及收获工艺。不同品种的植株高度不同，叶子的大小、多少不同，如苜蓿为多分枝，通常为三出复叶，但有的品种的 1 片叶子有 7 个小叶。这些因素直接导致了不同品种的茎叶比例不同，所以粗蛋白含量也不同。苜蓿干草的粗蛋白含量随着刈割时生育期的延长而逐渐下降，苜蓿通

常在1/10开花期刈割，此时的粗蛋白含量在各生育期中并不是最高的，但单位面积的粗蛋白产量是最高的。收获工艺对苜蓿干草的粗蛋白含量也有直接的影响，如翻晒和搂草次数太多就容易使苜蓿叶脱落，降低干草的粗蛋白含量。苜蓿干草的粗蛋白按化学性质可以分为真蛋白和非蛋白氮（NPN）两大类，其中后者约占 1/3。NPN 的含量主要受收获工艺的影响，干燥时间越长，真蛋白降解为游离氨基酸和氨的比例就越高，直接导致真蛋白比例的下降和 NPN 比例的升高。

（二）苜蓿干草的粗蛋白营养特性

1. 瘤胃降解特性 苜蓿干草的粗蛋白进入瘤胃以后一部分被瘤胃微生物降解并合成微生物蛋白，另一部分不被降解直接进入后消化道消化，称为过瘤胃蛋白。苜蓿干草粗蛋白的瘤胃降解特性主要包括瘤胃有效降解率（P）、快速降解（A）、慢速降解（B）部分的比例、慢速降解部分的降解速度（C）等指标。苜蓿干草粗蛋白的瘤胃降解率的大小主要与加工工艺有关，自然干燥的苜蓿干草粗蛋白的瘤胃降解率通常较高，达到 70％以上，蒸气处理的苜蓿干草粗蛋白的瘤胃降解率降低到 50％（Broderick et al，1991）。另外，瘤胃降解率的大小还与试验动物以及降解率的测定方法有关。用奶牛做的通常要高于用黄牛做的，如美国 NRC（1989）饲料成分表中规定的此项值（72％）是用奶牛做的，我国李胜利（2002）用黄牛测定的降解率为 65.5％。

测定方法对瘤胃降解率也有影响。短期人工瘤胃法的蛋白质降解率测定结果通常低于体内法（Broderick，1978），酶解法的结果通常偏高（苜蓿干草的 48 小时 CP 降解率为 88.28％，颜色勋等，1996a）。尼龙袋法与体内法的相关程度很高，是当前世界各国测定粗蛋白降解率的常用方法。颜色勋等（1996b）用尼龙袋法测定的苜蓿干草粗蛋白的瘤胃降解率为77.47%，与体内法结果非常接近，其中A体为47.03%，这可能与苜蓿干草含有较高比例的NPN有关，因为理论上认为NPN属于快降解部分，在瘤胃内100%被降解。

总的来看，苜蓿干草是一种粗蛋白瘤胃降解率较高的粗饲料。高于羊草干草（40.24%，颜色勋等，1996）以及玉米秸秆（39.3%，李胜利，2002）。

2. 氨基酸结构 苜蓿干草粗蛋白的氨基酸含量较为丰富，10种必需氨基酸的含量占到了粗蛋白含量的41.2%，与优质蛋白饲料鱼粉（44.5%）和豆饼（45.3%）接近（NRC，2001）。氨基酸结构也较为合理，Chandler（1989）的研究表明苜蓿干草的化学评分：饲料蛋白的氨基酸指数为65，仅次于豆饼（71）、鱼粉（68）、啤酒糟（72）。限制性氨基酸依次为赖氨酸、精氨酸和异亮氨酸，其化学评分依次为46、50和51，其中赖氨酸评分低于血粉（91）、鱼粉（80）、豆饼（70）、肉粉（58）和肉骨粉（55），蛋氨酸虽然没有列入三位限制性氨基酸，但其化学评分也比较低，仅为60，略高于豆饼（56），低于鱼粉（100）、玉米蛋白粉（100）、啤酒糟（78）。

总的来说，苜蓿干草粗蛋白的氨基酸结构较好，在饲养实践中，可以与蛋白质饲料搭配以获得更好的氨基酸平衡。

（三）苜蓿干草蛋白质与奶牛蛋白质营养

1. 粗蛋白 奶牛日粮的粗蛋白含量是影响奶牛产奶量的重要因素，尤其对高产奶牛来说，需要合成大量的乳蛋白，其主要来源是日粮粗蛋白。一般来说，产奶量是随着日粮粗蛋白含量的增加呈二次曲线增加的，而且存在报酬递减效应，产奶量达到最大时的日粮粗蛋白含量为23%（NRC，2001）。但过高的日粮粗蛋白质含量会增加日粮成本，粪尿中过多的含氮废物会增加土壤和地下水污染，血浆尿素氮的含量也会升高，有可能会降低奶牛的繁殖性能。所以，发达国家出于环保和降低日粮成本的考虑，通常不赞成使用高蛋白日粮，在泌乳初期的日粮粗蛋白含量一般控制在18%左右（干物质基础），而且还要随着泌乳阶段的延长逐步降低日粮粗蛋白含量。苜蓿干草的粗蛋白含量通常在18%以上，所以用苜蓿干草代替玉米青贮（干物质中粗蛋白含量10.4%）、羊草干草（干物质中粗蛋白含量6.7%）、玉米秸秆（干物质中粗蛋白含量6.4%）以用部分精料（干物质中粗蛋白含量通常在20%以上）以后仍可达到日粮对粗蛋白的要求。由于苜蓿干草的价格居中，高于其他粗饲料，低于精料，所以，可以作为奶牛日粮经济的粗蛋白来源，而不必考虑增加日粮成本。

2. 降解蛋白与过瘤胃蛋白　按照代谢蛋白体系，代谢蛋白主要由瘤胃微生物合成的微生物蛋白、过瘤胃蛋白以及内源蛋白组成。合成微生物蛋白的原料是瘤胃降解蛋白。降解蛋白与瘤胃可利用能保持合适的比例（RDP：FOM=1：5）才能保持瘤胃能氨平衡，获得最大的微生物蛋白产量（Arieli et al，1989），同样，降解蛋白与过瘤胃蛋白保持合适的比例才能保证获得最大的代谢蛋白产量。国外的一些研究表明，日粮粗蛋白中过瘤胃蛋白的比例至少为33%比较合适（Mabjeesh et al.，1997）。对于低产奶牛和干奶牛来说，微生物蛋白就可以满足低代谢蛋白需要，但对于高产奶牛来说，日粮中保持较高的过瘤胃蛋白含量就显得非常必要。苜蓿干草粗蛋白的瘤胃降解率较高，远远超过60%，玉米青贮粗蛋白的瘤胃降解率也达到62%（Hvelplund and Madsen，1985），精料中粗蛋白的主要来源是豆饼或豆粕，瘤胃降解率也比较高，所以配合奶牛日粮时，必须加入一部分过瘤胃蛋白含量较高的蛋白质饲料，如啤酒糟或鱼粉才能达到降解蛋白与过瘤胃蛋白之间的平衡。

3. 限制性氨基酸 赖氨酸和蛋氨酸通常被认为是奶牛尤其是高产奶牛的第一和第二限制性氨基酸（Schwab et al.，1992a；Schwab et al.，1992b）。赖氨酸和蛋氨酸摄入的不足，会严重影响奶牛产奶量和乳蛋白产量。Schwab（1994）认为赖氨酸与蛋氨酸在奶牛日粮总必需氨基酸中的比例为15∶5比较理想。苜蓿干草的赖氨酸和蛋氨酸的相应比例为12.4∶3.8（NRC，2001），比较接近，但含量较低，需要通过添加其他蛋白质饲料来补充赖氨酸和蛋氨酸。

4. 对我国奶牛蛋白质营养研究与生产实践的建议 当前我国奶牛饲养模式基本上仍是“秸秆+精料”，只有部分国营牛场采用了美国等发达国家的“苜蓿干草+玉米+精料”的先进饲养模式。随着越来越多的牛场采用这种模式，迫切需要对以苜蓿干草为主要粗饲料来源的奶牛蛋白质营养进行深入的研究。我国奶牛蛋白质营养目前还基本上停留在以秸秆为奶牛主要粗饲料来源的阶段，奶牛营养需要与饲养标准采用的还是落后的粗蛋白——可消化粗蛋白体系，与国外存在很大的差距。建议在苜蓿干草的蛋白质营养特性、奶牛的蛋白质营养需要、小肠蛋白体系等方面进行深入的研究。

在生产实践中，多数牛场配制日粮还停留在粗蛋白水平，且奶牛日粮的粗蛋白水平普遍偏低，直接制约了奶牛遗传潜力的发挥。配制日粮的降解蛋白水平或过瘤胃蛋白水平偏低，饲料转化效率低下。在小肠蛋白体系尚未完善之时，建议牛扬推广使用瘤胃降解蛋白——过瘤胃蛋白体系来配合奶牛日粮，以提高奶牛生产水平和经济效益。

（作者 1，中国农业大学草地研究所；作者 2，北京世纪蓝图草业科技发展中心）

中国苜蓿产业发展的若干情况及前景

全国畜牧总站草业处

（一）现状与展望（“中国畜牧业网”资料）

根据中国苜蓿产业发展现状，可以预测该产业未来将有着广阔的发展前景，种植面积迅速增加，苜蓿产品市场将逐步扩展，产品深加工前景诱人，高新技术将发挥重要作用。

1. 种植面积将迅速增加 全国有4亿公顷草地资源，其中降水量在1 000毫米以上的有0.73亿公顷，北方还有许多具备灌溉条件的草原，可建成稳定、优质、高产的豆科牧草基地。同时，全国还有1/3的低产田，可以间种或轮种豆科牧草，既可改土肥田提高粮食单产，又可生产豆科草粉。此外全国还有数亿亩疏林和林间草地可种植豆科牧草，达到林茂草盛。一般北方、中部、南部作物区草粉年生产时间分别达6个月、8个月、10个月，海南岛有灌溉条件的热带作物区可全年生产。目前我国苜蓿种植面积已达200多万公顷，经过努力到2010年可达666.7万公顷。

2. 苜蓿产品市场潜力巨大 据悉，全球草粉年进出口额已愈10亿美元。目前，苜蓿的国际市场主要在亚洲，年需求量在200万吨左右。日本年进口130万～150万吨，韩国目前年进口 10 万吨，美国专家预测韩国进口可发展到 50 万吨，东南亚国家进口苜蓿也呈增长趋势。而亚洲市场优质蛋白饲料作物的市场潜力可达1 000万吨。

我国是蛋白饲料资源短缺的国家，目前蛋白饲料年缺口约为1 500万吨左右（另据了解为5 000万吨左右——编者），近期苜蓿草粉年需求 200～300 万吨。而我国草粉年产量还不足 20 万吨。四川省每年需要 30 万吨优质草粉，海南省需要 10 万吨，广东省则需要 90 万吨。我国每年草粉产量远远不能满足市场需求。

中国农科院饲料研究所有关专家在分析 21 世纪我国饲料工业年面临的问题时认为，饲料原料紧缺将是长期性的结构矛盾：

其一，蛋白质饲料短缺。据预测 2010 年和 2020 年我国蛋白质饲料资源需求分别为6 000万吨和7 200万吨。每年需花费大量外汇进口。

其二，饲料及添加剂资源短缺。

其三，添加剂品种少、质量差、数量不足。

其四，饲料原料生产体系尚未建立。我国传统大农业结构是典型的粮—经二元结构，饲料生产在农业生产体系中尚未得到应有的地位，种植业品种单一，基本是南方产水稻、北方产玉米的格局。特别是从 20 世纪 80 年代以来，由于受比较利益的驱使，大豆种植面积和产量大减，致使饲料蛋白资源紧缺的矛盾加剧。据我国动物营养专家测算，如果我国人均摄入动物蛋白质达到世界平均水平，畜牧业总需求蛋白质饲料6 000万吨，届时短缺 50%，即3 000万吨，苜蓿将是最理想的粗蛋白生产作物之一。根据我国现有家畜饲养总量概算，21 世纪初对苜蓿产品需求总量将达到6 170万吨（养牛业3 540万吨、养羊业1 500万吨、猪禽及水产配合饲料1 130万吨）。

3. 经济效益可观 种植饲料作物的经济效益大大高于粮食作物。全国目前种植苜蓿每667平方米鲜草产量达2 500多千克，在作为“九五”国家攻关项目——苜蓿产业化专题给予技术支持和咨询项目区的15个项目区中其草产品平均667平方米产干草700千克。在我国滨海盐碱地及中低产田进行综合丰产栽培技术，每667平方米产干草达800千克以上。一般来讲，一次播种费用每667平方米150元左右，当年可收500千克优质干草，以目前市场价计算，收入为700元左右。第二年至第五年，平均年产干草可达1 000～1 500千克，收入可达1 000～2 000元，期间只需浇水、施肥和简单的中耕管理，费用低于粮食作物的种植。

苜蓿草产品国际市场售价（FOB）为200～300美元/吨，优质草粉高达300美元/吨；国内苜蓿产品售价多在1 100～1 400元/吨，优质产品达1 600～1 800元/吨；我国出口的粗蛋白含量为15%的草粉，价值170美元/吨，粗蛋白含量30%以上的草粉280美元/吨，其售价例来与玉米价持平或略高。

4. 苜蓿加工业前景诱人 据测算到2010年我国用于苜蓿收获和加工的设备需求市场为10亿～13亿美元，除苜蓿草粉、草捆、草块、草颗粒等产品外，苜蓿叶蛋白（含CP>50%）叶绿素等深加工产品将畅销，供人类直接食用的苜蓿添加剂、蔬菜、维生素等苜蓿绿色保健食品将受到人们的青睐。

5. 高新技术将发挥重要作用 作为牧草之王，苜蓿在未来高科技发展中将大有所为。雄性不孕株系正在我国育成，三系配套的杂交优势将用于生产，含硫氨基酸转基因苜蓿已获得株系，苜蓿作为生物反应器生产珍贵物亦有可能，现代信息技术的运用将为苜蓿产业发展提供无限生机。

由于我国草地资源大多分布于牧区、山区、边疆少数民族区、革命老区和黄河、长江、珠江等上中游地区，这些地区因自然和历史等原因，发展经济、治理国土和脱贫致富的任务十分艰巨。而草地资源的综合开发和草产业的发展将能有效地肩负起这一重任。加之广种优质豆科牧草，改造中低产农田和贫瘠林地综合产业的发展，可以断言，开发草地资源，发展知识密集型草产业，必将成为 21 世纪中国农业持续高效发展、国土环境优化、国计民生兴旺发达的生力军。

（二）1999—2005 年我国紫花苜蓿年末累计保留面积统计（全国畜牧总站草业处资料）

2005 年　287.490 9万公顷

（西藏、内蒙古、甘肃、陕西、新疆、四川、山西、青海、黑龙江、河北、辽宁、吉林、宁夏、云南、河南、山东、湖北、安徽、湖南、福建、江苏、重庆、江西、天津、浙江及北京）

2004 年　368.727 8万公顷

（西藏、内蒙古、甘肃、陕西、新疆、四川、山西、青海、黑龙江、河北、辽宁、吉林、宁夏、云南、河南、贵州、山东、湖北、安徽、湖南、江苏、重庆、江西、天津、浙江及北京）

2003 年　263.049 4万公顷

（甘肃、陕西、新疆、四川、山西、青海、黑龙江、河北、辽宁、吉林、宁夏、河南、贵州、山东、湖北、安徽、

福建、江苏、重庆、江西、天津、上海、西藏及北京)

2002 年　190.432 万公顷

(北京、河北、山西、内蒙古、辽宁、吉林、黑龙江、江苏、浙江、安徽、福建、江西、山东、河南、湖北、重庆、贵州、西藏、陕西、甘肃、宁夏及新疆)

2001 年　119.776 万公顷

(河北、山西、内蒙古、辽宁、吉林、黑龙江、安徽、江西、山东、河南、湖北、浙江、重庆、西藏、陕西、宁夏及新疆)

2000 年　198.725 万公顷

(内蒙古、甘肃、陕西、新疆、四川、山西、青海、黑龙江、河北、辽宁、吉林、宁夏、河南、贵州、山东、湖北、安徽、福建、江苏、重庆、江西、天津、上海及西藏)

1999 年　242.292 6万公顷

(内蒙古、甘肃、陕西、新疆、四川、山西、青海、黑龙江、河北、辽宁、吉林、宁夏、河南、贵州、山东、湖北、安徽、江苏、重庆、江西、天津、上海、西藏、北京及新疆建设兵团)

玉米青贮制作技术要点

李易方　李晓芳

（一）带穗玉米青贮的好处多

1. 作为粮食种植的玉米和作为青贮饲料种植的玉米，每667平方米产量和主要营养成分对比：

	籽实（千克）	秸秆（千克）	可消化总养分（千克）	可消化总蛋白质（千克）	胡萝卜素（克）
粮作玉米	225	500	343.6	21	3.4
青饲玉米		3 000（及籽实）	495	39	105

显然，掰了棒子以后，再将玉米秸秆进行青贮的效益远不如带穗玉米青贮好。

2. 带穗玉米青贮适口性好，采食率、消化率高。

3. 在玉米乳熟后期即行收割，便于错开农活活茬。

（二）在玉米种植方面需要注意的事项

1. 选择优良品种　饲用玉米主要利用其茎叶，要求植株高大、叶多宽长而多汁的品种。粮饲兼用玉米，既要求籽实高产优质，又要求后期茎叶仍为绿色。因此，要根据不同的栽培目的选用良种。目前，比较常用的饲用品种有金皇后，威尔 156，英国青贮玉米 57、58，白马牙，龙单 3 号、4 号等。粮饲兼用品种有中原单 32、农大 118、中单 206 等。

2. 种植密度应比大田高 1/3 到 1/2。

3. 在抽穗前 1 个月，追加氮肥，以提高产量。

（三）提高青贮玉米质量需要掌握的要领

1. 适宜收割期 进行带穗玉米青贮，以乳熟后期到蜡熟初期收割为宜。

2. 适宜含水率 一般含水率以 60%～75%为宜，尤以 65%为最佳。判断含水率的简单方法是：将切碎的青贮作物样品，在手里攥紧 1 分钟后松开，观察其状况，若能挤出汁水，则含水率大于 75%；若保持其形状但无汁水，则含水率为 70%～75%；若有弹性且慢慢散开，则含水率为 55%～63%。

3. 适宜含糖量 一般要求青贮原料中含糖量大于 2%，如低于 2%，应适当添加一些可溶性糖，如糖蜜、淀粉酶或乳浆等。

4. 适宜温度 一般青贮温度为 19～37℃。温度低，不宜发酵；温度越高其营养物质的损失越大。

5. 加工要点 青贮原料必须切碎、封闭、压实，保证在厌氧条件下，利用乳酸菌发酵产生乳酸。适宜的切碎长度为 6.5～10 毫米。

6. 合理使用添加剂 为保证青贮饲料的质量，可以在调制过程中加入青贮饲料添加剂。最好是微生物添加剂，如乳酸菌、活杆菌等；也可以使用营养性添加剂，如尿素、碳水化合物、无机盐等。

（四）其他注意事项

1. 青贮地址尽可能选择在地势较高，土质坚硬、干燥，离粪坑、污水较远，并且离畜舍较近的地方。为便于排水，还应当在四周开挖排水沟，以免渍水。

2. 用水泥、砖、石将窖底及四周加以浆砌，或用塑料薄膜衬装，并在填满压实后，覆上一层塑料薄膜，包封严实，再覆土 50～70 厘米。

3. 窖的宽度不宜超过深度，窖口要上大下小，有些坡度，四个角宜呈半圆形，以利压实。装料时，要层层踩紧压实；装满后，高出地面 0.67 米左右，以保证沉实后不漏入或渗进雨水。

奶牛全混合日粮饲养技术

李胜利等

（一）奶牛全混合日粮（TMR）饲养技术的优点及操作要领

1. 全混合日粮饲养技术的优点 全混合日粮（TMR）技术是根据奶牛不同泌乳阶段的营养需要，把粗饲料、精饲料和各种添加剂按照适当的比例进行充分混合成营养相对平衡的日粮进行饲喂的饲养技术。该技术可以针对大小奶牛群在恰当的阶段，都能够采食适量的平衡的营养达到最高的产量、最佳的繁殖率和最大的利润。

TMR 技术是全新的工艺和技术，能够把精料、牧草、青贮饲料、副产品饲料按统一的需要加工，然后一起搅拌混合均匀，按不同奶牛的需要，定量输送到奶牛饲养槽内，一次营养到位，从而实现奶牛饲养规范化。

采取全混合日粮饲养，最突出的优点如下：

（1）减少奶牛的挑食性，增加干物质采食量，缓解奶牛在泌乳初期高产奶量的能量需要与进食之间的负平衡问题。

（2）减少奶牛瘤胃 pH 的波动，减少奶牛瘤胃微生物的应激，由于在产奶量相同的分群饲喂的牛群中全混合日粮的精粗比例保持不变，所以奶牛采食 TMR 日粮后，瘤胃的

pH变化不大，而精粗饲料分开饲喂，避免不了单独饲喂精料后，瘤胃pH的急剧下降，单独饲喂粗饲料后，pH上升，这样瘤胃微生物不断地处于pH升高和下降的应激过程中。

(3) TMR饲喂可简化饲养程序，便于实现饲喂机械化、自动化，与规模化、散栏饲养方式的奶牛生产相适应。

(4) 采用全混合日粮，奶牛采食每一口，都是营养全价的日粮，可避免奶牛由于分别采食精料和粗料而造成的精料吃得过多，粗料采食不足，以致造成瘤胃机能障碍，使产奶量、乳脂率下降和发生消化道疾病等，而且少量频繁采食全混合日粮，也有助于维持瘤胃内环境。

(5) 便于控制日粮的营养水平。如产奶量降低，可通过提高日粮粗料比例，控制奶牛日粮营养进食量，防止低产奶牛出现肥胖症。

(6) 采用全混合日粮可更高效使用尿素、氨等非蛋白含氮物。试验表明，在全混合日粮中使用非蛋白含氮物，产奶量较将非蛋白含氮物混合在精料中使用高。

(7) 对于形态和适口性不佳的饲料或副产品，通过与日粮中的玉米青贮等混合而得以改善。

20世纪90年代在欧洲及美、以色列等国就全面应用TMR饲养技术体系。据以色列农业部资料，仅在该国10万头牛推广TMR一项技术，平均牛奶产量就提高了30%。美、欧的TMR设备规模大，自动化程度高，投资较大，属于集约型供应体系。而日本引进后针对自己的奶牛场规模小的特点进行了改造，通过建立TMR生产场，完成全混合日粮的加工，以配送形式供应给周边的专业村和小规模奶牛场，供应半径可达2千米，约3 000头奶牛，同时能利用氨化秸秆、酒糟等副产品，属于农户型供应体系，很适合我国现有“公司＋农户”的奶牛饲养状况。一个100头的奶牛场，使用传统饲养方法时每天用在饲料加工、调制、混合、送喂料的时间约为4小时，需要10个人，而应用TMR技术后，只需要1小时、2个人，使得饲养人员有更多的时间进行牛群观察、粪尿清除、卫生管理、特殊护理、修蹄等工作，从而做到整个牛群的精细饲养，减少疾病发生，降低成本，提高效益。

2. 全混合日粮饲养技术要点

（1）合理分群。全混合日粮饲养方式的奶牛场，要定期对个体牛的产奶量、乳成分、体况以及牛奶质量进行检测，并将营养需要相似的奶牛分为一群。对于大多数奶牛场可将成母牛分为三群，即高产牛群、中低产牛群和干奶牛群。

（2）经常检测日粮及其原料的营养含量。测定原料的营养成分是科学配制全混合日粮的基础。即使同一原料（如青贮、干草等）因产地、收割期及调制方法不同，其干物质含量和营养成分也有较大差异，所以应根据实测结果配制相应的全混合日粮。还必须经常检测全混合日粮的水分含量和奶牛实际的干物质采食量，以保证奶牛能食入足量的营养物质。一般全混合日粮水分含量以35%～45%为宜，过湿或过干的日粮均会影响奶牛干物质的采食量。据研究，全混合日粮中水分含量超过50%时，水分每增加1%，干物质采食量按体重0.02%下降。

（3）科学配制日粮。在配合日粮时，除考虑奶牛产奶量和体况需要外，还应保证绝大多数牛在泌乳中期和后期摄取额外的营养物质，以补偿泌乳早期体重的损失，使初产牛或二胎牛在泌乳期有所增重。

（4）日粮的营养要平衡和均匀。配制全混合日粮是以营养浓度为基础，这就要求各原料组分必须计量准确，充分混合，并且防止精粗饲料组分在混合、运输或饲喂过程中的分离。在国外为了使用全混合日粮，专门配备性能先进的饲料搅拌喂料车，它集饲料铡切、混合和分发为一体，全混合日粮的饲喂过程由电脑进行控制。同时，为了保证日粮混合质量，还应制定科学的投料顺序和混合时间，投料顺序一般为：干草→青贮料→精料（包括添加剂）；混合时间：转轴式全混合日粮机通常在投料完毕后再搅拌 5～6 分钟，如若日粮无 15 厘米以上粗料则搅拌 2～3 分钟即可。

（5）控制分料速度。采用混合喂料车投料，要控制车速（20 千米/时）和放料速度，以保证全混合日粮投料均匀。同时，每天投料 2 次以上，每次投料时饲槽要有 3%～5%的剩料，以防牛只采食不足，影响产奶量。

（6）检查饲养效果。注意观察奶牛的采食量、产奶量、体况和繁殖状况，根据出现的问题及时调整日粮配方和饲喂工艺，并淘汰难孕牛和低产牛，以提高饲养效果。

目前，全混合日粮饲喂技术已在我国北京、广州、上海、福建等地部分奶牛场应用。经几年实践，采用全混合日粮饲养技术，奶牛的生产水平提高，牛群健康状况良好，生产成本降低。

（二）奶牛日粮配方设计及配套技术

1. 奶牛日粮配方设计技术 奶牛日粮干物质含量，高产奶牛（日产奶 20～30 千克）为体重的 3.3%～3.6%；中产奶牛（日产奶 15～20 千克）为体重的 2.8%～3.3%；低产奶牛（日产奶 10～15 千克）为体重的 2.5%～2.8%。

粗纤维饲料占日粮干物质的 15%～24%，所以日粮中干草和青贮饲料不少于日粮干物质的60%。

精料是奶牛日粮中不可缺少的营养物质，喂量要根据产奶量确定，一般每产3千克奶，饲喂1千克精料。

奶牛常用饲料最大用量分别是：米糠、麦麸为25%；玉米、小麦、大麦等为75%；大豆饼、棉子饼等饼类为25%；糖蜜为8%；干甜菜渣为25%；尿素为1.5%～2%。

奶牛全价饲料最低成分（风干计）：泌乳净能为5.02～6.69兆焦/千克，粗蛋白为2%～14%，粗纤维为15%～20%，粗料为应有体重的1.5%～2%，钙为0.5%～0.7%，磷为0.4%～0.5%。

奶牛饲料要多样化，以提高日粮营养的全价性。同时，应尽可能选择价格低、来源广、本地生产的饲料，以降低成本，增加效益。

2. 饲用玉米及优质饲草种植技术

（1）饲用玉米。中原单32号是优良的粮饲兼用玉米品种，籽粒与秸秆营养丰富，非常适合于制作全株青贮。籽粒含粗蛋白12.77%，粗脂肪4.28%，赖氨酸0.28%，淀粉68.12%，含硒量0.03毫克/千克；收获后秸秆含粗蛋白7.8%～10.54%，适口性好。中上等水肥条件下，籽粒公顷产7 500～12 000千克，秸秆60 000～75 000千克。

该品种根系发达，抗倒伏，综合性强，耐旱、阴雨、高温及冷害，活秆成熟。属于中早熟品种，春播110天，夏播89～90天，全生长期大于等于10℃的活动积温为2 200～2 400℃。适合密植，一般60 000株/公顷，合理运筹水肥，施足底肥，重施拔节肥，轻施孕穗肥（大喇叭期），注意氮、磷、钾三要素配合，可实现高效高产。

（2）紫花苜蓿。

3. 奶牛青贮饲料高效调制加工技术

青贮技术就是把新鲜的秸秆填入密闭的青贮窖或青贮塔内，经过微生物发酵作用，达到长期保存其青绿多汁营养特性之目的的一种简单、可靠、经济的秸秆处理技术。青贮发酵作用，可以把适口性差、质地粗硬、木质素含量高的秸秆变成柔软多汁、气味酸甜芳香、适口性好的粗饲料。

4. 挤奶操作技术 要求挤奶人员保持相对稳定，常修指甲，穿戴工作服、帽和口罩，定期体检。经常剪短奶牛乳房周围的长毛和洗刷牛体。

（1）奶具消毒。先用冷水清洗，再用温水冲洗，后用0.5%的45℃的烧碱水刷洗干净，清水洗去残液，最后用高温蒸气消毒。橡胶制品清洗后应用消毒液消毒、清洗。

（2）按摩乳房。挤奶前先拴牛尾，清洗后躯和腹部，然后用45～50℃的温水擦洗乳房、乳头。用毛巾擦干乳房，按摩30～45秒钟。

（3）准备挤奶。待乳房膨胀、乳静脉扩张、有排乳反射时开始挤奶。头二把乳汁应弃去（不要挤在牛床上）。挤乳时严禁用牛奶或凡士林抹乳头。

（4）挤奶方式。人工挤奶应采用“拳握式”压榨法，开始用力宜轻，速度稍慢，待排乳旺盛时加快速度，每分钟压挤频率为80～120次，每分钟挤乳量不低于1.5千克。机械挤乳时，真空度应控制在46.7～50.7千帕，脉动器频率控制在每分钟60～70次。要防止空挤。

（5）结束挤奶。结束前再次按摩乳房，挤净残乳。

（6）特殊管理。

①对分娩10天内和患乳房炎的奶牛应采用人工挤奶，病愈后方可恢复机械挤奶，防止发生乳房炎。

②对初孕牛在妊娠5个月后应进行乳房按摩，每次5分钟，分娩前半个月停止。在分娩后头一个月的乳房按摩工作一定要做好，因为产后第一个月乳房仍在生长。

③产后第一次挤奶不要挤得太净，应保留1/3左右，以后的保留数量逐渐减少，经过4～5次的挤奶后，可完全挤净。

（7）牛奶处理。鲜奶必须用过滤器或多层纱布过滤后入罐，并在2小时内将其冷却到4℃以下贮藏。

（8）挤乳顺序。先健康牛，后病牛；先健康乳区，后患病乳区。

（9）防病措施。挤完奶后，擦干乳房，用消毒液浸泡乳头；对乳房过大、乳房下垂的奶牛酌情尽早淘汰；因外伤及冻伤引起的乳房炎应及时治疗；控制蚊蝇孳生，定期杀虫。

5. 疫病防治技术 奶牛场应贯彻以预防为主，防治结合的方针。日常防疫的目的是防止疾病的传入或发生，控制传染病和寄生虫病的传播。

（1）防疫要求。

①奶牛场所有出入口应设立消毒池，车辆出入口消毒池尺寸：长×宽×深≥6米×3米×0.3米。池内保持有效的消毒液量及浓度，一般用2%的火碱或1∶800倍的消毒威。门口应配备高压消毒枪，对进场车辆进行消毒。

②建立出入登记制度，奶牛场谢绝参观，非生产人员不得进入生产区。

③生产区与生活区间设立隔离带，并设立更衣室，更衣室应清洁、无尘埃，具有紫外线灯及衣物消毒设施。职工进入生产区，穿戴工作服经过消毒间，洗手消毒方可入场。

④运动场无积水、积粪、硬物及尖锐物。饮水池保持清

洁无沉积物。排水沟保持畅通无杂物，定期清除杂草。

⑤定点堆放牛粪，定期喷洒杀虫剂，防止蚊蝇孳生。奶牛场设专门供粪车等污染车辆通行的场地。

⑥奶牛场员工每年必须进行一次健康检查，如患传染性疾病应及时在场外治疗，痊愈后方可上岗。新招员工必须经健康检查，确认无结核病与其他传染病。

⑦奶牛场员工家中不得饲养偶蹄动物，不得互串车间，各车间生产工具不得互用。奶牛场不得饲养其他畜禽，禁止将畜禽及其产品带入场区。

⑧死亡牛只应作无害化处理，对尸体接触的器具和环境做好清洁及消毒工作。

⑨淘汰及出售牛只应经检疫并取得检疫合格证明后方可出场。运牛车辆必须经过严格消毒后进入指定区域装车。

⑩当奶牛发生疑似传染病或附近牧场出现烈性传染病时，应立即采取隔离封锁和其他应急措施。

（2）日常消毒。

①常用消毒液。

名　称	浓　度	适用范围
消毒威	1∶800	牛舍内消毒、洗手消毒
万福金安	1∶200	牛舍内消毒、洗手消毒
火碱	2%～3%	牛舍外环境、门口消毒池
Delaval 乳头药浴液	1∶10	乳头药浴消毒
聚维酮碘、硫酸铜、福尔马林	5%	蹄浴液

②奶牛场外环境消毒：奶牛场每月进行一次全场大消毒；运动场每周消毒两次。

③牛舍消毒：牛舍、挤奶厅、饮水器、采食槽每周消毒一次。

（3）免疫。

①要求：疫苗应按规定保存，注射时如遇瓶盖松动、破裂、瓶内有异物或凝块应弃用。免疫时做好详细记录，首免牛及时佩带免疫耳标。免疫时应详细记录疫苗生产厂家、批号、操作人员等。注射所用的针头、针管等器具应事先进行消毒。注射部位经剪毛消毒后注射疫苗，严禁“飞针”方式注射，注射时针头逐头更换，禁止一个注射器供两种疫苗使用。注射量严格按照疫苗说明进行。注射疫苗时，应备足肾上腺素等抗过敏药；凡病、瘦弱牛，临产牛（10～15 天）缓注疫苗，待病牛康复、产后再按规定补注。疫苗的瓶子用后必须焚烧深埋。

②强制免疫：

A. 五号病：按照有关规定执行。

B. 炭疽：凡六月龄以上的牛每年春季均需皮下注射第二号炭疽芽孢苗一次（注射时应用 12×15 针头）。

（4）检疫。

①结核检疫：奶牛场要配合检疫部门安排好每年春秋两次全群牛的结核检疫。结核检疫出现的阳性牛只，应在 3 天内扑杀。初次检疫可疑的牛只，应隔离饲养，45 天后复检；两次检疫均可疑的按阳性处理。对阳性牛所在牛舍增加消毒频率，暂停牛只调动。该群牛每隔 45 天复检一次，连续二次不出现阳性反应的牛时为止。

②布病检疫：牛场应配合检疫部门进行每年春秋两次检疫，凡三月龄以上的牛均需采血检疫。采血针头和部位应严格消毒，一牛一针，严禁一针多牛。

③副结核检疫：每年对三月龄以上的牛进行一次副结核检疫，检疫规定与结核检疫相同。

④定期开展牛传染性鼻气管炎和牛病毒性腹泻—黏膜病的血清学检查。当发现病牛或血清抗体阳性牛时，应采取严格防疫措施，必要时应注射疫苗。

⑤其他疾病检疫按上级防疫主管部门安排进行。

⑥疫病扑灭措施按照中华人民共和国颁布的《动物防疫法》的要求执行。

（作者：李胜利，中国农业大学教授）

三、改革经营管理方式

齐心协力办好奶牛养殖小区

李易方　贾树刚　冷安钟

奶牛适度规模饲养小区，或简称奶牛养殖小区的创建，已经有20年左右的历史，成效显著，发展很快。2005年全国已经有奶牛养殖小区近两万个。为了适应扩大绿色奶源基地建设的要求，更加需要多办、办好奶牛养殖小区。

（一）奶牛养殖小区堪称“富民工程”

根据我们10多年来的深入调查研究，以及众多业内人士的探讨，一致认为实行统分结合的奶牛养殖小区经营，具有以下明显的优势：

1. 科技含量增加　奶牛养殖小区场地、牛群集中，便于从事示范推广，开展科学养牛，进行选种选配、疫病防制、制备青贮，更为发挥机械挤奶作业的效率提供适宜的场所。在当地畜牧兽医部门指导下，许多管理比较完善的奶牛养殖小区，已经形成了“四统一分一集中”（统一规划建设、统一配种改良、统一饲料供应、统一防疫灭病、分户饲养，集中挤奶）的管理体制，这就为实行规范化管理，提高饲养管理水平和加强疫病防制工作奠定了良好基础。以创建奶牛养殖小区较早，推广范围最大的石家庄周边地区的三鹿奶源基地为例：

这里现有奶牛适度规模饲养小区 291 个，奶牛存栏头数已经由 2002 年的 8.04 万头增至 2005 年 8 月的 12.56 万头，其中良种牛由 5.2 万头增至 8.3 万头。育种技术人员进行了档案登记，有条件的奶牛小区还采用了计算机管理，为系谱登记、育种工作打下了良好的基础。

“小区”的奶牛并非吃大锅饭，而是按照牛群不同牛龄（育成牛、后备牛、干奶牛）以及产奶的需要实行统一供料，解决了过去较为普遍存在的精料单一、青贮饲料不足等问题，使奶牛吃上了全价料。全混合日粮技术（TMR）正在这里逐步开展试验示范推广。

家畜分散饲养和人畜混居容易造成疫病传播和交叉感染，而奶牛小区消毒和防疫管理制度执行和落实得比较好，减少了人畜流动可能带来的疫病传播，同时方便了防疫和检疫工作的开展，从而大大降低了牛群的发病率和死亡率。据统计，奶牛养殖小区与散养户比较，奶牛的发病率降低了 6 个百分点，死亡率降低了 0.5 个百分点。特别是在疫苗注射上，效率大大提高，防疫密度达 100%。

这里的 291 个奶牛适度规模饲养小区都建有挤奶厅，已经全部使用不同规格、不同型号的挤奶机，替代了手工挤奶的落后方法。不少奶牛适度规模饲养小区即科技示范区，其科技含量一般高于散养户 10%以上。

2. 劳动生产率提高　由于实行规模化饲养和机械化挤奶，使小区的劳动生产率明显提高，劳动强度也大大减轻。规模在 300～500 头的奶牛饲养小区内，户养头数一般在 20 头左右，一两个劳动力即可承担，如果由散户饲养，则需要 3～5 个劳动力。

3. 原料奶质量改善　由于饲养环境条件改善和实行机

械挤奶，以及杜绝掺杂使假等原因，奶牛养殖小区提供的原料奶，干物质含量和卫生指标等一般优于散户手工挤奶。据三鹿集团 2003 年在石家庄市郊县调查搜集的资料，进行分析对比，其结果如下：

手工挤奶与机械挤奶牛奶质量对比

方式	指标	比重	脂肪（%）	蛋白质（%）	酸度（T）	乳固体（%）	细菌（万个/毫升）
手工挤奶	范围	1.027～1.029	3.3～3.3	2.7～3.0	14～19	11.2～11.5	—
	平均	1.028	3.15	2.85	17.5	11.45	1 000
机械挤奶	范围	1.028～1.030	3.3～3.6	2.9～3.0	14～18	11.9～12.0	1.6～20
	平均	1.029	3.45	2.95	16	11.95	<10

4. 经济效益提高　由于奶的产量增加，质量提高，生产成本降低，因此入驻奶农所获得的效益普遍提高。龙头企业则随之拥有丰富的优质原料奶，从而为乳品企业创名牌、保名牌、弘扬名牌提供了保障，增加了市场竞争力。仍以三鹿集团为例，机械挤奶（不包括手推车式挤奶）每千克鲜奶收购价格比手工挤奶高 0.1 元。仅此一项，一头年产奶 5 000千克的成年母牛每年即可增收 500 元。

5. 环境改善　奶牛饲养从农户庭院、房前屋后迁入小区，一改“千家万户养奶牛，千村万户臭烘烘”的旧局面，不仅改善了奶牛的饲养环境，而且避免了牛粪尿和饲料残渣对居民周围环境的污染。同时，为粪尿的无害化处理和循环利用创造了条件。沼气的利用正在石家庄地区的一部分奶牛养殖小区建设推广。例如，河北元氏县故城三鹿奶牛生态园区二区，22 个饲养单元，全部建起了沼气池；河北新乐市闵镇村是个奶牛养殖专业村，全村建起沼气池 230 多个。又如，河南省南阳市宛城区十里铺村，2002 年以来，在西洼奶牛养殖小区按照“田种牧草——牧草肥牛——牛粪生沼——沼气做饭——沼渣肥田”的循环经济模式，建设养殖单元 200 多个。对此，国家发改委产业经济研究所马晓河先生称赞：“新农村建设应从产业发展开始，循序渐进，由经济向社会各项事业延伸，这样才能芝麻开花节节高。”（详见《人民日报》2005 年 12 月 11 日第 7 版）

6. 组织化程度提高 奶牛适度规模饲养小区，在性质上已经属于股份合作制性质的经济组织（有的地方的适度规模饲养小区又称“奶业合作社”），这是奶业经营体制上的一种创新，是“龙头企业＋农户”向“龙头企业＋合作组织＋农户”的新跨越。一些地方在小区的基础上建立起奶农协会，便于奶农行使民主权利和信息交流。

7. 聚集效应 养殖小区的问世和发展，带来的聚集效应十分可观。大量的社会资金、技术等被吸纳到奶业产业化基础环节中来，形成合力，使原来势单力薄、生产水平落后的奶牛饲养业在走向现代化方面迈开了大步。据报道，河北省国富农业发展有限公司近年来先后在石家庄、保定、唐山等地投资数千万元建成标准化奶牛养殖小区 6 个。天津市从 2001 年到 2003 年，每年由财政安排资金1 000万元，分别以补助和贷款贴息的形式扶持养殖小区的建设。天津武清区自 2001 年起先后出台了扶持奶业发展的 9 项优惠政策，从 2002 年开始，除配套奶牛养殖小区建设补助资金以外，还由财政拨付 500 万元作为奶牛改良专项资金。由于扶持力度加大，这个区 2002 年奶牛存栏 3.3 万头，比上年增长 64.8%。在北京大兴区，凡“小区”建设达到北京市规定奶牛养殖小区标准的，可获得一次性建设补贴 30 万元；合作经济组织补贴 20 万元，用于购置机械挤奶设备；标准化、规范化无公害牛奶生产基地建设补贴 10 万元；优质冻精配种费，由区政府补贴 50%，胚胎移植繁殖费用也有优惠，每成功 1 头牛，由市政府补贴1 000元，区政府补贴1 500元。

（二）奶牛养殖小区是一条振兴我国奶业的成功之路

我国奶牛饲养业，从整体上说，还处在由传统饲养逐步向现代化饲养方式过渡的时期，平均每户 5～7 头的散养方式，远远不能满足奶业产业化发展的要求。为了解决这一矛盾，突破家庭经济的局限，奶牛养殖小区的经营便应运而生。由于优势显著，因而犹如雨后春笋，蓬勃发展起来。形式多种多样，有联合共建方式（由龙头企业与村委会或奶牛服务站协商共建）、以场带户、以站带户（以综合服务站为依托，向小区内的奶农提供产前、产中、产后系列服务）、租赁经营［由私人从乡、村长期租用场地，建设规模饲养场，吸纳附近或外地奶农入驻，按牛按期交纳使用费（租金）］、委托经营（在奶源基地建立规模饲养场，吸纳社会投资人出资买牛，委托饲养场代为经营管理，年终按比例分红，人们戏称之为“托牛所”）等等。据 2004 年 4 月 6～9 日在石家庄市召开的中国首届奶牛发展大会报道，仅北京、上海、天津、河北、山西、内蒙古、黑龙江等 7 省、自治区、直辖市奶业优势产区的不完全统计，共建有奶牛养殖小区1 600多个，奶牛存栏 70 多万头，占 7 省、自治区、直辖市总存栏头数 385 万头的 20%。

丰富的实践经验证明，奶牛养殖小区经营，自愿入驻，实行统分结合，责权利清晰，既保护了农户养牛的积极性，又发挥了集体经营的积极性；既调动了奶牛饲养者的积极性，又鼓励乳品加工企业的积极性，也唤起了有关方面加大投入扶持的积极性。“小区”办了许多养牛散户想办而无力举办的事,真乃一举数得。其所产生的凝聚力在增强,辐射带动作用在扩大。不难预料,这类新型经营方式将在城市郊区牛圈及主要奶牛带继续向深广度发展,成为我国奶业经济又一新的增长点,构成我国“畜产品生产安全体系”的重要组成部分。这是我国在新时期落实科学发展观,实现奶业经济增长方式由传统粗放型向现代化集约型转变的一条成功之路。

（三）奶牛养殖小区将与家庭牧场等齐头并进,而不排他

一哄而起，“一刀切”的历史教训，对我们来说太多、太深刻了。合作化、公社化造成生产力破坏的惨痛教训。至今人们记忆犹新。奶牛养殖小区作为股份合作制性质的经营方式虽然具有诸多优越性，但是，决不能赶时髦，为追求“成绩”而不顾条件盲目开办“小区”，滥竽充数，或揠苗助长，贪大求洋，乃至事与愿违，造成不良后果。从我们所了解的情况来看，各地奶牛养殖小区经营方式在稳步推广中，发展的主流是好的。而且，不论国营农场也好，家庭牧场或私营独资、合资开办奶牛场也好，以及效仿欧美等发达国家的奶业合作社也好，只要有利于发挥规模化、集约化、现代化经营的优越性，效益好，都还是受到鼓励和欢迎的。多种经济形式并存、互竞互补的局面，在我国奶牛饲养业中熠熠生辉。祝愿奶牛养殖小区与家庭牧场等并驾齐驱，不断开创我国现代化奶业发展的新局面。

（四）奶牛养殖小区需要在不断改革创新中加以完善

奶牛养殖小区的发展方兴未艾，多年来虽然取得了显著

成效，但总的来说还处于初始阶段，质量和效益参差不齐。对于所存在的一些薄弱环节或不足之处，应当在认真总结经验的基础上，采取有针对性的措施，不断加以改进、完善和提高。主要如：

1. 有些小区规划、布局不合理 有的“小区”缺乏统一规划、统一标准，随意选址。起步早的一些小区的生活区和生产区混为一体，安全生产隐患较大，需要加以调整改造。

2. 防止和克服发展中的盲目性 大部分养殖小区是在市场拉动，企业自主，奶农自愿和政府引导扶持下建立起来的，所以活力充沛。但是，不顾客观条件，仓促上马，经营不善者也有。这些方面的经验教训是值得“小区”经营的各个参与方共同加以注意的。

3. 要妥善协调解决部分小区业主与入驻奶农之间存在的不合理分配问题 “小区”业主向入驻奶农收费主要包括三部分，一是租金、水电等生产、生活开支；二是配种、疫病防治等技术服务费用和某些生产资料供应（如青贮饲料）费用；三是从乳品企业收购原料奶所支付的收购价格与奶农实际到手的结算价格之间的差价——中间费用（一般为15%～20%）。据调查了解，由于提供的服务项目多少不一，服务质量有所不同，收费标准有高有低，某些小区存在中间费用偏高，以及所供应的生产资料质次价高等问题。这也恰恰是造成一些“小区”入驻奶农流动性较大的重要原因，值得引起注意。今后务必妥善引导、协调解决各方责权利之间的关系问题。三鹿集团已经逐步推行直接向奶农结算奶款，然后再与“小区”（奶站）经营者结算管理费的“两次结算”制度，以维护奶农的利益，值得借鉴。

4. 规模经营的关键在于“适度” 规模大小取决于条件，包括土地、资金、设备、牛源、饲草饲料供应、运销和管理水平等。有的“小区”基础设施不配套，或设备利用率不高，造成了浪费。所以应当以经济效益为中心，按照自身条件，量体裁衣，选择适当的“度”——饲养规模、集约化程度与经济效益的最佳结合点。在我国目前产业化、现代化水平还不高的情况下，奶牛养殖小区的发展规模还是以强调适度为好。当然“度”的本身也是不断变化的，应当因时制宜、因地制宜。

5. 由于良种良法不配套导致的成年母牛年平均产奶量偏低和原料奶质量参差不齐的问题，仍然是一部分“小区”的通病 今后迫切需要在推广先进应用技术方面狠下工夫，使“小区”的奶牛生产水平尽快得到普遍提高。

总之，对于奶牛“出院入区”的事，务必强调求真务实，并加强宏观指导检查验收工作，以防止虚报成绩、换取政策补贴等现象的孳生和蔓延。

奶牛养殖小区建设和奶业发展

王树贵　曲金铎

奶牛养殖小区最早出现在20世纪80年代初期，是天津市静海县东双塘村建设的全国第一个“奶牛村”。随着农村经济的发展这种生产方式不断完善，在农业和农村经济结构调整过程中发育成奶牛养殖小区。天津市根据奶业自身属性和经济规律、食品安全等要求制定了《奶牛养殖小区建设标准》，规范了奶牛养殖小区的建设。天津的做法受到农业部、中国奶协等部门和业内资深专家的重视并作为经验加以推广。2000年后奶牛养殖小区以星火燎原之势在全国开展起来，并创造出了适合各地实际情况的典型模式。实践证明奶牛养殖小区通过集中饲养，规模逐渐扩大，缩短了奶牛养殖业集约化、规模化进程，为奶业现代化创造了条件。奶牛养殖小区将分散的奶牛集中到一起，实行统分结合的经营方式，突破了庭院经济的局限，为科学技术在奶牛养殖业中的推广应用创造了条件，大大提高了奶牛养殖业生产力水平，它是奶牛生产方式的创新。

（一）奶牛养殖小区是我国广大农村奶牛业发展的必然趋势

十一届三中全会后，中国社会经济发生了巨大的变化，农村改革逐步深入，允许个体私营经济发展的政策解放了生产力，众多的农民根据社会对牛奶的需求选择了奶牛饲养业，个体养牛如雨后春笋般发展起来。天津市的个体养牛由1980年1户2头，到2000年发展到1 672户33 743头，个体养牛所占比重由不到0.1%增加到72.4%，其牛奶产量为11.83万吨，占全市总产奶量的71.7%，这个阶段奶牛饲养业的经济特征是典型的庭院经济，千家万户养牛遍布农村，形成了天津奶牛养殖业发展的基础。但是随着个体奶牛的增加，这种分散生产方式的弊病也逐步显现出来，与现代化乳品加工业对原料奶的需求不相适应，众多的奶农感到了发展受到局限，遂提出建立“奶牛村”、“奶牛服务站”等要求，争取从庭院经济圈中解脱出来，这就是天津奶牛养殖小区产生的主要背景。

奶牛养殖业有着鲜明的自身特点，它不同于粮食、肉类、蛋类、蔬菜等农产品生产，它的产品——牛奶更具鲜活易腐性，它的生产过程需要动物科学、动物医学、环境保护、牛奶保鲜等技术做支撑，但分散的奶牛养殖方式是很难做到的。立足于当时的经济实力和技术水平，创造一种新的生产方式突破发展的障碍就成了广大奶牛饲养者和业内工作者当务之急。在总结了“奶牛村”、“奶牛服务站”的经验教训基础上先后在天津市武清区和宁河县创建了奶牛养殖小区，第一次把分散的奶牛集中到小区饲养，实行统一的机械化挤奶和统一的配种、疫病防治、牛奶冷藏、销售等服务。在农村经济结构调整中，一些分散的养牛户自身也有着强烈的要求，扩大牛群的规模，与乳品工业联手应对市场，而一家一户还不具备这样的经济实力，所以急需提高农民的组织化程度，使众多养牛户相对集中起来。奶牛养殖小区的建设和发展不仅推动了奶牛养殖由分散型向集约型转变，同时实现了奶牛养殖业的技术进步。就天津而言奶牛养殖小区使挤奶机械化得以实现，牛奶冷藏运输链形成，人工授精技术的普及和防检疫工作的开展有了依托等。奶牛养殖小区在天津乃至全国是奶业经济自身发展的产物，这种生产方式是奶牛养殖业发展的一个新阶段。

奶牛养殖小区是随着农业现代化建设进程而产生和发展的。天津农业现代化建设的一个突出特点是发展设施农业，推进农产品的工厂化生产，在畜牧业中把奶牛饲养、养鸡、养猪和养鱼作为设施农业重点建设项目进行规范、引导和扶持。2001 年出台了《天津市无公害牛奶生产基地暂行标准》，标准规定养殖小区的选址必须远离村庄，距交通干线1 000米以上，周边没有化工厂、火葬场等环境污染源。在小区建设布局上要生产、生活区分开，脏、净道分开，周边开挖防疫沟、筑围墙与外界隔离并绿化。对投入品的使用有明确规定，饲料、兽药等必须符合农业部颁布的 NY5048—2001 和 NY5046—2001 标准。在防检疫方面，《标准》规定要有完善的防疫设施并执行防疫法，要求牛群健康证和检疫合格证两证齐全，奶牛个体有检疫耳标。在管理方面，《标准》规定小区的技术人员要有专业职称证或培训合格上岗证，从业人员要有健康证，奶牛谱系资料齐全等。符合上述条件小区可申报无公害牛奶生产基地，经专家组验收合格的发给合格证，市、区县两级财政给 40 万元的奶牛养殖小区建设扶持资金。到 2005 年底天津市达标的奶牛养殖小区计114 个。总之，天津奶牛养殖小区的建设不是分散奶牛的简单集中，而是通过奶牛小区的集约化生产，实现从生产方式到饲养管理、生产技术水平、奶牛品种改良、防疫灭病、环境保护等全面升级，加快奶业现代化建设步伐。

（二）奶牛养殖小区的优越性

奶牛养殖小区的建立在天津已有 20 多年的历史，它的建设高潮是在“十五”期间，建设奶牛养殖小区是“十五”期间天津奶牛养殖业发展的主要形式。“十五”期间天津奶牛存栏纯增 11.5 万多头，牛奶总产量纯增 40 万吨/年，都比“九五”期末增长了两倍多；以奶牛养殖小区为主要形式的个体奶牛已占全市奶牛存栏量的 90.8%。奶牛养殖小区发挥的主要作用是：

1. 提高了农村奶牛养殖业的组织化程度 2000 年末天津全市奶牛存栏46 606头，其中个体奶牛占 72.4%，共有1 672户农民饲养了33 754头奶牛，每户平均 20 头，除 16 个国有奶牛场饲养的 1.2 万头奶牛以外，大部分由农户分散饲养。“十五”期末奶牛养殖小区达到了 154 个，114 个已被认定无公害奶牛养殖小区。80%的奶牛进入了小区饲养，平均每户养牛 35 头以上，最多的达1 400头，走上了统一规划建牛舍，统一机械化挤奶，以小区为单位统一销售牛奶，统一品种改良、疫病防治、饲料配制和饲养管理服务的“四统一”发展道路，实现了奶牛养殖由分散向集中、由粗放向集约、由手工挤奶向机械化挤奶、由兼营向专业化经营的转变，构建了统分结合的合作经济性质的经营组织。

2. 奶牛养殖小区为科学技术的推广应用搭建了平台 奶牛养殖小区实现了规模经营，也为奶业新技术的推广应用创造了条件，使奶牛养殖业的技术水平明显提高。“十五”期间，天津市在奶牛养殖小区进行了奶牛品种改良、奶牛生产性能测定（DHI)、全混合日粮饲喂（TMR)、玉米秸秆青贮、奶牛场的计算机管理、牛粪发酵处理等项技术的推广应用，凡采用上述技术进行改扩建的奶牛养殖小区，可以小区为单位向市主管部门申报计划，经批准后由市、区（县）财政给予补贴，以奶牛养殖小区为载体推广科学技术收到了良好的效果。目前全市奶牛养殖小区人工授精率达到100%，玉米秸秆青贮100%，14个奶牛养殖小区参加了生产性能测定，12个小区采用了TMR饲喂技术，小区养牛户的防疫密度达到100%。有26个奶牛养殖小区采用了计算机管理。天津市的奶牛业技术培训是以奶牛养殖小区为对象进行的，通过对小区管理者和技术人员的培训再把技术传播给养牛者。如北辰区奶牛技术服务中心，2005年以梦得奶牛养殖场（市认定的无公害奶牛小区）为依托对全区16个奶牛养殖小区的管理者和技术人员进行了奶牛繁殖和人工授精、奶牛乳房炎的监测与防治、奶牛肢蹄病防治和修蹄、奶牛的饲养管理、奶牛场计算机管理等五个培训班，受训者达300多人次。又如2005年武清区开展的奶牛科技入户活动就是以小区为单位开展的，一项新技术的推广应用，只要在一户试点，全区马上铺开。

3. 奶牛养殖小区保证了原料奶的质量和安全卫生 天津的奶牛养殖小区全部建设了公用的挤奶厅，配备了先进的挤奶机械和冷藏贮奶设备，实行统一集中挤奶和冷链贮存，有效地杜绝了原料奶掺假现象，解决了挤奶环节对牛奶的污染问题，把住了“有抗奶”流入市场的关口。2005年原料奶全年上市量61万吨，特级奶和一级奶在90%以上，微生物指标都在50万/毫升以下，有30余个奶牛养殖小区的原料奶微生物指标长期控制在10万/毫升以下。由于天津奶牛养殖小区多数达到无公害牛奶生产基地标准，饲料兽药等投入品都是符合农业部规定的无公害厂家生产的产品，原料奶的安全系数高，始终没有发生过原料奶质量事故。

4. 聚集各方资金建设奶牛养殖小区，加快奶业现代化步伐 奶业现代化建设需要大量资金投入，只靠农民有限的资本积累是远远不够的。建设“四统一分”即统一规划、统一挤奶、统一销售、统一服务，分户饲养为特征的规模奶牛养殖小区，既能聚集各方资金分解投资风险，又能推进奶业现代化建设，这是现阶段发展奶牛事业的现实选择。“十五”期间，市、区（县）两级财政用于扶持奶牛养殖小区建设的资金累计1 500万元，吸引其他行业专项建设奶牛养殖小区的投资约计8 000万元，养牛大户和农民筹资建小区的资金1.2亿元。这些资金的投入使天津奶牛养殖小区建设起点较高，奶业现代化建设发展加快。

5. 奶牛养殖小区提高了奶业的整体效益 奶牛养殖小区的建设推动了奶牛业的发展，2005年全市奶牛存栏达到17.6万头，总产奶量达到63.1万吨，奶业总产值达到了30.26亿元（含加工环节），比2000年的8.45亿元纯增21.81亿元，是2000年的3.58倍。由于奶牛养殖小区实施“四统一分”的经营管理模式，入区养牛户减少了投资，不用家家自建牛舍、购置挤奶和贮奶设备，节省了大量的固定资产投资。入区养牛户的牛奶由手工挤奶变成了机械挤奶，差价每千克0.2元左右，同时还避免了坏奶损失，虽然使用小区统一建造的牛舍和挤奶厅等设施要以不同方式支付费用，但算总账还是增加了收入。

奶牛小区通过牛粪便的集中收集和无害化处理设施，减少了对城市周边环境的污染。奶牛相对集中以后，通过对小区的防疫管理，使农村奶牛结核病、布病防检疫达到

100%，减少了引发传染病的机率，使防检疫工作有了保证。通过奶牛养殖小区的建设，使农民的思想观念有了很大的转变，充分认识到奶牛养殖的集约化、规模化、专业化是奶业获得高效益的保证。

（三）奶牛养殖小区的发展前景

奶牛养殖小区是农村奶牛养殖生产方式的创新，是奶农扩大奶牛饲养规模的正确道路。天津市奶牛养殖小区建设的主流是好的，但也存在一些问题，有的小区选址和规划布局不合理，有的引进的奶牛质量差、产奶量低，有的小区经营管理不善，业主与入区养牛户关系不协调，也有的防疫和环保设施不健全等，这些都需要认真解决。当前奶牛养殖小区正在按照规范化、标准化的原则自我完善，提升装备和生产技术水平，在奶牛养殖业中发挥着主力军的作用。同时它也在为规模化奶牛场的建设积累资金、培育良种牛群、储备技术和经营管理经验，它将促进并伴随着中国奶业实现现代化。

1. 实施奶牛养殖小区升级工程　为了完善和提高奶牛小区的功能，2004 年天津市设立了奶牛养殖小区改扩建扶持项目，就是在原有的基础上，按照现代奶牛养殖业的标准，市、区（县）两级财政投放专项引导资金对奶牛养殖小区进行改造。为了提高奶牛养殖小区的整体水平，在“十一五”奶业发展规划中把“奶牛养殖小区升级工程”列为重点项目，主要在奶牛场建设的硬件设施、疫病防治、环境保护、原料奶质量安全、新技术推广应用方面进行改造和升级。结合奶牛小区的提高和完善，逐渐完成原料奶收购环节由收奶站向挤奶厅的转移，逐渐协调业主和入驻养牛户之间利益分配所产生的矛盾，“十一五”期间要建设符合天津市奶牛养殖小区规范标准的、奶牛平均单产7吨的小区100个，平均单产8吨的奶牛养殖小区和规模奶牛场50个。

2. 加大科技投入，提高奶牛养殖小区的生产水平 提高奶牛养殖小区的规模经营效益，小区才能立于不败之地，而加大对小区的科技投入是关键措施之一。奶牛养殖小区建成后，不失时机的用科学技术武装小区，使其尽快进入正常运营状态。如武清区富利奶牛养殖小区，是一个公司＋农户形式的小区。2005年末奶牛存栏600头，其中公司奶牛400头，户养奶牛200头。这个小区建成后又引进了进口良种奶牛50头，采用胚胎移植技术，繁育良种奶牛，种植了青贮饲料，实行全混合日粮饲喂方法，奶牛平均单产高于全市平均水平为7吨。“十一五”期间，天津要在奶牛养殖小区中继续推广奶牛生产性能测定（DHI），参加测定的成母牛达到40%；开展良种奶牛登记，建立以奶牛养殖小区为单位的全市奶牛档案，参加良种登记的奶牛要达到50%；推广全混合日粮饲喂，每年有10%的小区和规模奶牛场采用全混合日粮饲喂方式；逐步推广奶牛场的计算机管理，培养3～5个数字化管理的奶牛小区典型等，使全市奶牛养殖小区的技术水平再上一个新台阶。

3. 鼓励和引导奶牛养殖小区提高标准，建设规范化奶牛场 奶牛养殖小区为规模奶牛场的建设奠定了物质基础。随着积累的增加，技术的成熟，一些小区内的养牛大户将从奶牛养殖小区分离出来，建立个人独资或股份制的规模奶牛场，有些小区业主也会在原奶牛养殖小区的基础上建立规模奶牛场，实现奶牛养殖小区向规模奶牛场的过渡，天津已有这个趋势。如武清区大老李奶牛场就是业主李进友在原来小区基础上建立起的，他用经营小区和自养奶牛积累的资金，购置了利乐拉伐生产的挤奶设备，采用了全混合日粮饲喂方法，用胚胎移植技术繁育了良种奶牛，现存栏良种奶牛1 400头，在国外购置了300头良种母牛，年产牛奶7 000吨，年利润达到130万元。北辰区梦得奶牛场的业主原来经营北辰区朗园、下殷庄两个奶牛养殖小区，后来把小区承包给光明公司，自己新建了奶牛场，现有良种奶牛600头，实行全混合日粮饲喂，引进了以色列阿菲全自动挤奶设备和奶牛场管理软件，建立了场内数字传输系统，实行了数字化管理，成为天津装备最好的私人规模奶牛场。

奶牛养殖小区是在庭院经济基础上发展起来的，这是中国农村奶牛养殖业由分散向集中，由小而全向规模化发展的必由之路。换句话说没有奶牛小区的经营基础就没有中国奶业的现代化，实践证明奶牛养殖小区是我国农村的富民工程，是奶业走向现代化的基础工程。

（作者单位：天津市奶业办公室）

推广围栏放牧

李易方

围栏放牧是草原畜牧业在划区轮牧的基础上进一步实行集约化经营的科学饲养方式。在美国、加拿大、新西兰、澳大利亚等实现草原畜牧业现代化的国家，早已普及了围栏放牧这一高效率、高效益的牛羊饲养方法。

我国草原畜牧业长期因袭靠天养畜、季节性游牧的落后饲养方式，并在许多地区存在超载过牧，草原严重退化、沙化、盐碱化现象。划区轮牧做得很原始，很粗放；实行围栏放牧的试点、示范、推广工作进展不快。如何在牧区、半农半牧区和农区草山草坡合理开发利用中将“围栏放牧”稳步加快推广开来，是大家颇为关心的事。据悉，2005 年我国草原围栏面积已达 0.38 亿公顷，为草场封育、划区轮牧打下了基础；如能在此基础上加强建设，有选择、有步骤地开展小区轮牧，对于更加科学合理地利用和保护草原将大有裨益。

借鉴国外先进经验并结合我国的实际情况，在开展围栏放牧工作中有必要认认真真抓好以下几个环节：

（一）合理规划，按照草地生产力水平和畜群种类大小区别等，设置围栏小区，控制放牧强度，做好可持续利用

1. 放牧周期　符义坤先生在这方面有一段简要的阐述：

“同一草地两次放牧利用的间隔时间，是分区轮牧的系统中确定轮牧小区数目的主要依据，要严格地实行划区轮牧制度，必须依据牧草的再生速度规定适宜的放牧周期，再根据放牧周期决定轮牧小区的数目，放牧周期与小区数目的关系是：放牧周期＝小区数×放牧天数。一般情况下，小区放牧天数的变化不大，通常为4～6天。放牧周期的长短决定于牧草的再生速度。当水热条件好，牧草处于幼龄阶段时，再生速度快，放牧周期较短，豆科牧草一般比禾本科牧草的再生能力强，特别是第一次再生草的生长速度比第二次再生草快，第二次又较第三次快。越往后，由于气候条件及牧草本身贮存的营养物质所限，其生长速度越慢，所以各次放牧周期的长短不同，通常第一次放牧周期较短，以后逐渐延长。不同类型的草地，放牧周期的长度差异甚大，如干旱草地30～35天，半荒漠、荒漠草地40～50天，草甸及森林草草地25～30天，高山、亚高山草地35～45天，人工播种草地20天以上。有时为了缩短放牧周期，需要对某些放牧小区特别加以培养，以提高牧草的再生速度。”（详见《中国农业百科全书》畜牧卷，第178页）。

2. 放牧方式和放牧强度 围栏是为了划分草场界限，并便于管理。围栏面积的大小则取决于草地单位面积的再生能力的高低和畜群采食需要量多少而定。

将畜群进行轮牧，可以采取多种方式，例如：①一个畜群在若干围栏小区内逐区采食，轮回利用。②不同畜群更替放牧，如牛群放牧后的剩余牧草，由羊群继续利用。研究表明：几种家畜更替放牧，可提高载畜量15%，有的提高30%～40%。③混合畜群放牧，这一方式可以收到均匀采食、充分利用牧草的效果。

放牧强度测定的方法是，首先测定家畜的放牧密度（即每公顷草地上放牧家畜的头数）；其次测算放牧压力（即根据家畜体重换算为每公顷草地上家畜的总代谢体重）；再次，统计放牧时间（每个放牧小区的累计放牧天数）。然后将以上三个数相乘即可得放牧强度，以便于判断放牧是否适当、过轻或过重。

关于载牧量的表示或计算方法，有以下三种：①家畜单位法，即在一定时间内，一定面积草原上可以放牧的家畜单位数。世界上多数国家采用牛单位，中国和新西兰采用羊单位。②时间单位法，即在一定草原面积上，可供一个家畜单位放牧的天数或月数，即家畜单位天、家畜单位月等。③面积单位法，即在一定时间内，放牧一个家畜单位所需的草原面积。英国草地单位面积单位是：在放牧期间能供给一头体重 533.4 千克，日产奶 9 升的奶牛所需牧草，而不必喂其他饲料的草地面积。中国草地面积单位（王栋，1955）是：在放牧期间能供给一头体重 40 千克的母绵羊及其哺乳羔羊所需的牧草，而不必喂其他饲料。

用载牧量评价草原生产能力，有一定的科学指导意义；但与畜产品单位指标相比，则有不足之处。

畜产品单位，是根据可用畜产品的产量评定草原最终生产能力的一种指标。1 个畜产品单位规定相当于中等营养状况的放牧育肥肉牛 1 千克的增重，其畜产品形态为 1 千克中等肥度的牛羊胴体，其平均能量消耗约相等于 110.88 兆焦消化能，或 94.14 兆焦代谢能，或 58.16 兆焦净能。这是 20 世纪 70 年代，任继周先生等根据草原生态系统的理论，对草原生产流程进行综合分析，提出的草原最终生产能力和畜产品单位的概念，其含义是：单位面积的草原在一定的时间内实际收获的可利用畜产品（肉、毛、皮，商品活畜、役力等）的数量，研究综合得出中国草原牧区、半农半牧区各类畜产品的畜产品单位折算比率表如下：

畜 产 品	畜产品单位
1千克中上肥度的牛、羊胴体	1.0
1个活重50千克羊的活重胴体	22.5（屠宰率45%）
1个活重280千克的牛的胴体	140.0（屠宰率50%）
1千克其他放牧家畜可食带骨肉	1.0
1千克可食内脏	1.0
1千克标准奶	0.1
1千克各类净毛	13.0
一匹3岁出场役用马	500.0
一头3岁出场役用牛	400.0
一峰4岁出场役用驼	750.0
一头3岁出场役用驴	200.0
一匹役马工作一年	200.0
一头役牛工作一年	160.0
一头役驼工作一年	300.0
一头役驴工作一年	80.0
一张羔皮（羔皮羊品种）	13.0
一张裘皮（裘皮羊品种）	15.0
一张牛皮	20.0（或以活重7%计）
一张马皮	15.0（或以活重5%计）
一张羊皮	4.5（或以活重9%计）
一头出售或淘汰的中上肥度活重50千克的羊	34.5（或以活重的69%计）
一头出售或淘汰的中上肥度活重280千克的牛	19.0（或以活重的70%计）

（摘自《中国农业百科全书》畜牧卷，第657～658页）

3. 其他注意事项

其一，当春季牧草返青时，应当稍迟进行放牧。如果开始放牧过早，会使牧草贮存的有限养料耗竭，丧失生机，降低牧草产量，使植被变坏，所以应该避开这个“忌牧期”。根据牧草生长发育，春季放牧的适宜时期是：禾本科为主的草地在禾草分蘖并长到一定高度时；以豆科和杂草为主的草地在分枝时；当土壤水分过多时，应在水分减少到土壤恢复弹性时再行放牧。

其二，当牧草秋季结籽时，最好中止（或暂停）放牧，以利于种子成熟和向根部输送贮存养分，这是第二个“忌牧期”。

其三，轮牧最好先从下游开始，以减少和避免牲畜粪尿污染。

其四，牧道与饮水点要合理布局，避免过度践踏破坏草地植被。在边远的草地上，放置“舔砖”（由食盐及其矿物质、微量元素混合制成），以吸引家畜前往采食，也是国外一条成功的经验。

（二）草地围栏的方式方法多种多样，可以根据经济、地理情况作出选择

1. 刺丝围栏，用木桩、三角铁或水泥柱作支架，以刺丝作横线（5～7 行）组成。

2. 网格围栏，将金属编织成的网直接架设起来的围栏。

3. 电围栏，以低电伏脉冲器通电线架设的围栏，通常用在牛的放牧地上。在牧区等远离电网的地方可以采用风力或太阳能发电。

4. 生物围栏，选择种植带刺的灌木如野山楂、小叶锦鸡儿（柠条）以及剑麻、银合欢等作篱笆（围栏）就地取

材，成本较低，综合利用，效果很好。在南方多雨潮湿地区，刺丝等金属围栏容易生锈，生物围栏的效果更好。

（三）实行人工种草或对天然草场加以补播改良

要因地制宜进行牧草类种的选择和搭配，如豆科牧草与禾本科及其他种类牧草的搭配，上繁草与下繁草的搭配，多年生与一年生牧草的搭配等。在播种豆科牧草的地区，应用根瘤菌拌种，以提高牧草产量。播种前，在有条件的地方应进行整地——翻耕、浅耕或浅耙，然后进行飞播、机播或人工撒播。播种时间，北方地区宜于在雨季来临之前，南方春、秋季均可。

（四）实行放牧和舍饲相结合，既可减轻放牧草场的压力，又可促进家畜生长发育，提高畜产品的数量和质量

在我国草地生产力甚低的情况下，更离不开进行舍饲和补饲。

半农半牧区（农牧交错带）有大量农作物秸秆可供舍饲利用。为了提高饲喂效果，最好实行秸秆青贮（全株带穗玉米存贮最好）或秸秆氮化。种植紫花苜蓿等优质牧草，及时收割、加工、贮存，以备冬春枯草期舍饲利用，更值得加以提倡，并组织落实。

（五）要认真落实草场使用权，改变“牲畜有主，草场无边”吃大锅饭的现象

在草场使用权落实到户的前提下，为了便于开展规模化经营，可以实行大户承包经营，但必须按照依法、自愿、有偿互利的原则进行，并订立合同加以保证。

（六）在支持和服务体系方法面的希望和建议

1. 结合试点示范推广工作，开展专业技术培训和经验交流，使基层干部和农牧民能够掌握围栏放牧的基本知识和操作技术。

2. 在围栏器材等生产资料供应方面，最好由畜牧部门牵头，会同草原工作站、供销合作社，以及厂商等及时携助做好安装、维修等服务工作。

3. 在支持西部大开发中，建议将“围栏放牧”作为支农资金的重点项目之一，增加投入，大力加以扶持。否则，单纯依靠贫困农牧民自身的力量是难以奏效，实现这一生产方式的根本性改革的。

上海市生鲜牛奶收购按质论价办法

——不断完善的历史轨迹

陈　新

众所周知，原料奶的质量高低对于提升奶业的国际竞争力具有决定性的意义。从1995年以来，上海奶业就矢志不渝地在提高奶源质量上狠下工夫。可喜的是，如今上海地区奶源的质量已经达到历史上的最好水平，在全国范围处于领先地位。究其原因，固然有多方面的因素，诸如奶牛生产已全部实现适度规模经营，100％实现了“机械化挤奶和直冷式奶罐”的生产工艺，彻底改变了传统的收奶方式（改为上门收奶），推进了特级奶牛场的标准化建设等等。回顾十年来走过的历程，我觉得，价格杠杆对奶农的引导作用不可低估。上海奶协在与上海市物价局长期进行成功合作的过程中，摸索出了一系列从国情出发，逐步与国际接轨，体现中国特色，切合上海实际的牛奶收购按质论价办法。现在看来，有必要对这一段历史演变的过程作一回顾，这对于总结经验，不断完善，推进国内奶源质量的总体提升，不无裨益。

（一）确定按质论价的若干原则

1. 必须体现科学性、安全性、合理性和可操作性。
2. 必须确保原奶价格的有效调控。

3. 必须对不同质量的原奶进行价格升降。

4. 必须遵循“走小步，不停步，循序渐进，积极稳妥”的原则。

5. 必须将国家有关标准作为依据，同时参照国际上的有关标准。

（二）上海牛奶收购按质论价办法不断完善的若干阶段

第一阶段（1996 年 6 月—2000 年 3 月）

在进行试点取得一定经验的基础上，将原奶中脂肪和蛋白质的含量作为收购的基础论价指标。

具体计算方法：

1. 以牛奶中脂肪和蛋白质的含量作为收购价的计算依据；以每千克牛奶中含 1%脂肪为一个脂肪单位；以每千克牛奶中含 1%蛋白质为一个蛋白质单位。

2. 脂肪和蛋白的计算比例为 0.55∶0.45。

3. 牛奶收购价计算公式为：

牛奶收购价（元）=（含脂率×脂肪单位价+含蛋白质×蛋白单位价）×牛奶收购千克数

第二阶段（2000 年 3 月—2002 年 12 月）

1. 在原有基础论价指标的基础上，将原奶中的微生物、抗生素指标作为附加论价指标。

2. 微生物指标计算办法：

微生物指标（杂菌数/毫升）	价格升降（元/千克）
≤10 万	+0.04
≤50 万	不加不扣
≤100 万	−0.04

（续）

微生物指标（杂菌数/毫升）	价格升降（元/千克）
≤200 万	－0.08
≤400 万	－0.16
400 万以上	按等外奶处理

3. 牛奶抗生素残留量检测为阴性的，为合格奶；检测为阳性的，为不合格奶，按照《上海市生鲜牛乳质量管理暂行办法》的有关规定处理。

4. 微生物、抗生素两个指标的检测从 2000 年 5 月 1 日开始试运转，时间为五个月。试运转期间，暂不与价格挂钩，但检测部门及时将数据结果反馈给奶牛场养牛户，让奶牛场和养牛户提高质量意识，及时采取整改措施，为正式运转做好准备。正式运转从 2000 年 10 月 1 日起开始。

第三阶段（2002 年 12 月—2004 年 5 月）

1. 继续将牛奶中脂肪和蛋白质含量作为收购的基础论价指标，并仍按原计价方法执行。

2. 按照国家有关指标，结合上海实际，将微生物指标的计价办法作了微调，并开始增加了黄曲霉素 M1 指标。

3. 微生物指标计价办法调整为：

微生物指标（杂菌数/毫升）	价格升降（元/千克）
≤1 万	＋0.16
≤5 万	＋0.08
≤10 万	＋0.04
≤40 万	不加不扣
≤100 万	－0.04

（续）

微生物指标（杂菌数/毫升）	价格升降（元/千克）
≤200 万	－0.08
≤400 万	－0.16
400 万以上	按等外奶处理

4. 每千克牛奶黄曲霉毒素 M1 残留量≥0.5 微克的，按照《上海市生鲜牛乳质量管理暂行办法》第八条第六款规定处理。

第四阶段（2004 年 5 月—现在）

1. 继续将牛奶中脂肪和蛋白质的含量作为收购的基础论价指标，将牛奶中的微生物、抗生素和黄曲霉毒素 M1 指标作为附加论价指标。

2. 适当调整微生物指标计价办法，根据执行中的具体情况，对微生物指标计价办法的部分条款略做调整。办法如下：

微生物指标（杂菌数/毫升）	价格升降（元/千克）
≤5 万	＋0.08
≤10 万	＋0.04
≤40 万	不加不扣
≤100 万	－0.04
≤200 万	－0.08
200 万以上	由双方协商计价

3. 增设冰点、亚硝酸盐和体细胞等三个检测计价指标，具体计价办法为：

A. 冰点指标的计价办法：

根据国家推荐标准，牛奶冰点测试的合格范围为

－0.546℃～－0.508℃。如果冰点高于－0.508℃或低于－0.546℃的，则可判定为不合格，应予扣款，并限期整改；如再次查出的，则按《上海市生鲜牛乳质量管理暂行办法》（下称“管理办法”）第八条第五款规定处理。

B. 亚硝酸盐指标的计算办法：

按照国家有关标准，每千克牛奶中亚硝酸盐含量大于0.2毫克的，则可判定为不合格，应按“管理办法”第八条第五、六款规定处理。超标生产单位应立即采取整改措施，市乳品质量监督检验站予以指导，并进行复查，直到完全合格，才可上市。

C. 体细胞指标的计算办法：

根据国际上通行的标准，并结合本市实际情况，计算办法为：

体细胞数（万个）	价格升降
优等≤40	加价
一等≤50	不加不扣
二等≤75	扣款
三等>75	扣款

D. 冰点、亚硝酸盐两个检测指标经过三个月的试运转，已于2004年9月21日起正式执行。具体计算办法为：

冰点范围	价格升降（元/千克）
－0.546℃～－0.508℃	不加不扣
高于－0.508℃，但低于或等于－0.504℃	－0.02
高于－0.504℃，但低于或等于－0.500℃	－0.04
高于－0.500℃，或低于－0.546℃	整改、复查，按规定处理

E. 亚硝酸盐指标的计算办法不变，体细胞指标测试继

续进行试运转，正式执行时间和具体价格办法，将根据“试运转”的实际情况另行通知。

（三）几点有益的启示

1. 纵观上海按质论价办法逐步完善的历史轨迹，充分体现了前述的几个原则，特别是“走小步、不停步”，不断与国际标准接轨的原则。

2. 在实践中进行摸索，通过摸索再不断加以改进和完善。

3. 每一项事关奶农切身利益和牛奶质量安全的重要指标的出台，都抱着极为慎重的态度，都经过试运转的阶段，发现问题，及时调整。

4. 建立第三方的公正检测机构对于在全市顺利推行按质论价办法至关重要。

5. 发挥政府有关部门的权威作用非常重要，上海市牛奶收购按质论价政策的出台离不开市物价部门和市农委等部门的高度重视和大力支持，每次重大指标调整政策的出台，几乎都是以上海市物价局或农委下发文件的形式，抄送给全市各相关部门和各基层单位。

上海目前的原奶收购体系按质论价办法和检测监管体系已经基本上与国际接轨，上海原料奶的质量安全水平完全可以让广大市民放心。2006 年 10 月即将在上海举办世界乳业大会，2010 年还将在上海举行世博会。上海奶业将以达到国际先进水平的优质安全的牛奶与奶制品作为奉献给这两个盛会的厚礼。

（作者：上海奶业行业协会秘书长）

天津市建立第三方原料乳质检试点

日前，按照乳业发达国家一贯推行的第三方检验制度模式，天津市首次建成第三方原料乳质检试点。经过一个多月的试行，独立于奶农和乳企买卖双方的第三方检测机构定期将乳品厂收购的生鲜奶封存样本取回做抽样检测，从而从根本上把好原料奶的安全质量关。

首批第三方原料乳质量检测试点设在武清区，包括区内15个奶站和数百家奶农，双方共同出资，由农业部授权，乳品质量监督检验测试中心具体实施。

据专家介绍，所谓第三方检测，就是指买卖原料或产品时，由国家指定的相关部门作为第三方进行公证检验，确定产品等级，为买卖双方提供科学的价格依据。

（摘自《新奶业周刊》2006年）

石家庄市启动奶牛保险工作

河北省奶业大市——石家庄市，遵照中央“加快建立政策性农业保险机制，选择部分产品和部分地区率先试点，有条件的地方可以对参加种养业保险的农户给予一定保费补贴”的精神，2006 年市政府拿出 140 万元，用于启动奶牛保险工作。

受市政府委托，开展奶牛保险工作的石家庄市奶业协会，在人手少、工作多、任务大、时间紧的情况下，加班加点，积极工作，现已完成了保险工作的前期准备工作，即将进行实施。

在保险类型上，他们经过调查研究，反复筛选，最终采用了“奶牛互助保险”，先在栾城、正定、元氏、藁城、鹿泉、井陉等六县的若干个小区开展试点工作，取得经验后，向全市推广。

目前，组织管理机构已经建立，成立了“石家庄市奶牛互助保险管理委员会”、“石家庄市奶牛互助保险专家小组”和“石家庄市奶牛互助保险财务监督小组”，下设“奶牛互助保险管理委员会办公室”，参加奶牛互助保险试点的奶牛养殖小区成立了“奶牛互助保险监督小组”。与此同时，制定了“试点奶牛小区产生办法”、“奶牛互助保险财务管理办法”、“奶牛互助保险具体条款”、“奶牛互助保险入保及理赔办法”和“奶牛互助保险奖惩办法”等可操作的文件。他们还印刷了1 000本“石家庄市奶牛互助保险实施办法”宣传册，发放到奶农手中，开展宣传教育，提高参加保险的认识和自觉性，各方共同搞好奶牛保险试点工作。

（《河北奶业》2006 年第 4 期）

四、相关标准、法规

中华人民共和国畜牧法

（2005 年 12 月 29 日第十届全国人民代表
大会常务委员会第十九次会议通过）

目　录

第一章　总　则

第一条　为了规范畜牧业生产经营行为，保障畜禽产品质量安全，保护和合理利用畜禽遗传资源，维护畜牧业生产经营者的合法权益，促进畜牧业持续健康发展，制定本法。

第二条　在中华人民共和国境内从事畜禽的遗传资源保护利用、繁育、饲养、经营、运输等活动，适用本法。

本法所称畜禽，是指列入依照本法第十一条规定公布的畜禽遗传资源目录的畜禽。

蜂、蚕的资源保护利用和生产经营，适用本法有关规定。

第三条　国家支持畜牧业发展，发挥畜牧业在发展农业、农村经济和增加农民收入中的作用。县级以上人民政府应当采取措施，加强畜牧业基础设施建设，鼓励和扶持发展规模化养殖，推进畜牧产业化经营，提高畜牧业综合生产能力，发展优质、高效、生态、安全的畜牧业。

国家帮助和扶持少数民族地区、贫困地区畜牧业的发展，保护和合理利用草原，改善畜牧业生产条件。

第四条 国家采取措施，培养畜牧兽医专业人才，发展畜牧兽医科学技术研究和推广事业，开展畜牧兽医科学技术知识的教育宣传工作和畜牧兽医信息服务，推进畜牧业科技进步。

第五条 畜牧业生产经营者可以依法自愿成立行业协会，为成员提供信息、技术、营销、培训等服务，加强行业自律，维护成员和行业利益。

第六条 畜牧业生产经营者应当依法履行动物防疫和环境保护义务，接受有关主管部门依法实施的监督检查。

第七条 国务院畜牧兽医行政主管部门负责全国畜牧业的监督管理工作。

县级以上地方人民政府畜牧兽医行政主管部门负责本行政区域内的畜牧业监督管理工作。县级以上人民政府有关主管部门在各自的职责范围内，负责有关促进畜牧业发展的工作。

第八条 国务院畜牧兽医行政主管部门应当指导畜牧业生产经营者改善畜禽繁育、饲养、运输的条件和环境。

第二章 畜禽遗传资源保护

第九条 国家建立畜禽遗传资源保护制度。各级人民政府应当采取措施，加强畜禽遗传资源保护，畜禽遗传资源保护经费列入财政预算。

畜禽遗传资源保护以国家为主，鼓励和支持有关单位、个人依法发展畜禽遗传资源保护事业。

第十条 国务院畜牧兽医行政主管部门设立由专业人员组成的国家畜禽遗传资源委员会，负责畜禽遗传资源的鉴定、评估和畜禽新品种、配套系的审定，承担畜禽遗传资源保护和利用规划论证及有关畜禽遗传资源保护的咨询工作。

第十一条 国务院畜牧兽医行政主管部门负责组织畜禽遗传资源的调查工作，发布国家畜禽遗传资源状况报告，公布经国务院批准的畜禽遗传资源目录。

第十二条 国务院畜牧兽医行政主管部门根据畜禽遗传资源分布状况，制定全国畜禽遗传资源保护和利用规划，制定并公布国家级畜禽遗传资源保护名录，对原产我国的珍贵、稀有、濒危的畜禽遗传资源实行重点保护。

省级人民政府畜牧兽医行政主管部门根据全国畜禽遗传资源保护和利用规划及本行政区域内畜禽遗传资源状况，制定和公布省级畜禽遗传资源保护名录，并报国务院畜牧兽医行政主管部门备案。

第十三条 国务院畜牧兽医行政主管部门根据全国畜禽遗传资源保护和利用规划及国家级畜禽遗传资源保护名录，省级人民政府畜牧兽医行政主管部门根据省级畜禽遗传资源保护名录，分别建立或者确定畜禽遗传资源保种场、保护区和基因库，承担畜禽遗传资源保护任务。

享受中央和省级财政资金支持的畜禽遗传资源保种场、保护区和基因库，未经国务院畜牧兽医行政主管部门或者省级人民政府畜牧兽医行政主管部门批准，不得擅自处理受保护的畜禽遗传资源。

畜禽遗传资源基因库应当按照国务院畜牧兽医行政主管部门或者省级人民政府畜牧兽医行政主管部门的规定，定期采集和更新畜禽遗传材料。有关单位、个人应当配合畜禽遗传资源基因库采集畜禽遗传材料，并有权获得适当的经济补偿。

畜禽遗传资源保种场、保护区和基因库的管理办法由国务院畜牧兽医行政主管部门制定。

第十四条 新发现的畜禽遗传资源在国家畜禽遗传资源委员会鉴定前，省级人民政府畜牧兽医行政主管部门应当制定保护方案，采取临时保护措施，并报国务院畜牧兽医行政主管部门备案。

第十五条 从境外引进畜禽遗传资源的，应当向省级人民政府畜牧兽医行政主管部门提出申请；受理申请的畜牧兽医行政主管部门经审核，报国务院畜牧兽医行政主管部门经评估论证后批准。经批准的，依照《中华人民共和国进出境动植物检疫法》的规定办理相关手续并实施检疫。

从境外引进的畜禽遗传资源被发现对境内畜禽遗传资源、生态环境有危害或者可能产生危害的，国务院畜牧兽医行政主管部门应当商有关主管部门，采取相应的安全控制措施。

第十六条 向境外输出或者在境内与境外机构、个人合作研究利用列入保护名录的畜禽遗传资源的，应当向省级人民政府畜牧兽医行政主管部门提出申请，同时提出国家共享惠益的方案；受理申请的畜牧兽医行政主管部门经审核，报国务院畜牧兽医行政主管部门批准。

向境外输出畜禽遗传资源的，还应当依照《中华人民共和国进出境动植物检疫法》的规定办理相关手续并实施检疫。

新发现的畜禽遗传资源在国家畜禽遗传资源委员会鉴定前，不得向境外输出，不得与境外机构、个人合作研究利用。

第十七条 畜禽遗传资源的进出境和对外合作研究利用的审批办法由国务院规定。

第三章 种畜禽品种选育与生产经营

第十八条 国家扶持畜禽品种的选育和优良品种的推广使用，支持企业、院校、科研机构和技术推广单位开展联合育种，建立畜禽良种繁育体系。

第十九条 培育的畜禽新品种、配套系和新发现的畜禽遗传资源在推广前，应当通过国家畜禽遗传资源委员会审定或者鉴定，并由国务院畜牧兽医行政主管部门公告。畜禽新品种、配套系的审定办法和畜禽遗传资源的鉴定办法，由国务院畜牧兽医行政主管部门制定。审定或者鉴定所需的试验、检测等费用由申请者承担，收费办法由国务院财政、价格部门会同国务院畜牧兽医行政主管部门制定。

培育新的畜禽品种、配套系进行中间试验，应当经试验所在地省级人民政府畜牧兽医行政主管部门批准。

畜禽新品种、配套系培育者的合法权益受法律保护。

第二十条 转基因畜禽品种的培育、试验、审定和推广，应当符合国家有关农业转基因生物管理的规定。

第二十一条 省级以上畜牧兽医技术推广机构可以组织开展种畜优良个体登记，向社会推荐优良种畜。优良种畜登记规则由国务院畜牧兽医行政主管部门制定。

第二十二条 从事种畜禽生产经营或者生产商品代仔

畜、雏禽的单位、个人，应当取得种畜禽生产经营许可证。申请人持种畜禽生产经营许可证依法办理工商登记，取得营业执照后，方可从事生产经营活动。

申请取得种畜禽生产经营许可证，应当具备下列条件：

（一）生产经营的种畜禽必须是通过国家畜禽遗传资源委员会审定或者鉴定的品种、配套系，或者是经批准引进的境外品种、配套系；

（二）有与生产经营规模相适应的畜牧兽医技术人员；

（三）有与生产经营规模相适应的繁育设施设备；

（四）具备法律、行政法规和国务院畜牧兽医行政主管部门规定的种畜禽防疫条件；

（五）有完善的质量管理和育种记录制度；

（六）具备法律、行政法规规定的其他条件。

第二十三条 申请取得生产家畜卵子、冷冻精液、胚胎等遗传材料的生产经营许可证，除应当符合本法第二十二条第二款规定的条件外，还应当具备下列条件：

（一）符合国务院畜牧兽医行政主管部门规定的实验室、保存和运输条件；

（二）符合国务院畜牧兽医行政主管部门规定的种畜数量和质量要求；

（三）体外授精取得的胚胎、使用的卵子来源明确，供体畜符合国家规定的种畜健康标准和质量要求；

（四）符合国务院畜牧兽医行政主管部门规定的其他技术要求。

第二十四条 申请取得生产家畜卵子、冷冻精液、胚胎等遗传材料的生产经营许可证，应当向省级人民政府畜牧兽医行政主管部门提出申请。受理申请的畜牧兽医行政主管部门应当自收到申请之日起三十个工作日内完成审核，并报国务院畜牧兽医行政主管部门审批；国务院畜牧兽医行政主管部门应当自收到申请之日起六十个工作日内依法决定是否发给生产经营许可证。

其他种畜禽的生产经营许可证由县级以上地方人民政府畜牧兽医行政主管部门审核发放，具体审核发放办法由省级人民政府规定。

种畜禽生产经营许可证样式由国务院畜牧兽医行政主管部门制定，许可证有效期为三年。发放种畜禽生产经营许可证可以收取工本费，具体收费管理办法由国务院财政、价格部门制定。

第二十五条 种畜禽生产经营许可证应当注明生产经营者名称、场（厂）址、生产经营范围及许可证有效期的起止日期等。

禁止任何单位、个人无种畜禽生产经营许可证或者违反种畜禽生产经营许可证的规定生产经营种畜禽。禁止伪造、变造、转让、租借种畜禽生产经营许可证。

第二十六条 农户饲养的种畜禽用于自繁自养和有少量剩余仔畜、雏禽出售的，农户饲养种公畜进行互助配种的，不需要办理种畜禽生产经营许可证。

第二十七条 专门从事家畜人工授精、胚胎移植等繁殖工作的人员，应当取得相应的国家职业资格证书。

第二十八条 发布种畜禽广告的，广告主应当提供种畜禽生产经营许可证和营业执照。广告内容应当符合有关法律、行政法规的规定，并注明种畜禽品种、配套系的审定或者鉴定名称；对主要性状的描述应当符合该品种、配套系的标准。

第二十九条 销售的种畜禽和家畜配种站（点）使用的种公畜，必须符合种用标准。销售种畜禽时，应当附具种畜禽场出具的种畜禽合格证明、动物防疫监督机构出具的检疫合格证明，销售的种畜还应当附具种畜禽场出具的家畜系谱。

生产家畜卵子、冷冻精液、胚胎等遗传材料，应当有完整的采集、销售、移植等记录，记录应当保存二年。

第三十条 销售种畜禽，不得有下列行为：

（一）以其他畜禽品种、配套系冒充所销售的种畜禽品种、配套系；

（二）以低代别种畜禽冒充高代别种畜禽；

（三）以不符合种用标准的畜禽冒充种畜禽；

（四）销售未经批准进口的种畜禽；

（五）销售未附具本法第二十九条规定的种畜禽合格证明、检疫合格证明的种畜禽或者未附具家畜系谱的种畜；

（六）销售未经审定或者鉴定的种畜禽品种、配套系。

第三十一条 申请进口种畜禽的，应当持有种畜禽生产经营许可证。进口种畜禽的批准文件有效期为六个月。

进口的种畜禽应当符合国务院畜牧兽医行政主管部门规定的技术要求。首次进口的种畜禽还应当由国家畜禽遗传资源委员会进行种用性能的评估。

种畜禽的进出口管理除适用前两款的规定外，还适用本法第十五条和第十六条的相关规定。

国家鼓励畜禽养殖者对进口的畜禽进行新品种、配套系的选育；选育的新品种、配套系在推广前，应当经国家畜禽遗传资源委员会审定。

第三十二条 种畜禽场和孵化场（厂）销售商品代仔

畜、雏禽的，应当向购买者提供其销售的商品代仔畜、雏禽的主要生产性能指标、免疫情况、饲养技术要求和有关咨询服务，并附具动物防疫监督机构出具的检疫合格证明。

销售种畜禽和商品代仔畜、雏禽，因质量问题给畜禽养殖者造成损失的，应当依法赔偿损失。

第三十三条 县级以上人民政府畜牧兽医行政主管部门负责种畜禽质量安全的监督管理工作。种畜禽质量安全的监督检验应当委托具有法定资质的种畜禽质量检验机构进行；所需检验费用按照国务院规定列支，不得向被检验人收取。

第三十四条 蚕种的资源保护、新品种选育、生产经营和推广适用本法有关规定，具体管理办法由国务院农业行政主管部门制定。

第四章 畜禽养殖

第三十五条 县级以上人民政府畜牧兽医行政主管部门应当根据畜牧业发展规划和市场需求，引导和支持畜牧业结构调整，发展优势畜禽生产，提高畜禽产品市场竞争力。

国家支持草原牧区开展草原围栏、草原水利、草原改良、饲草饲料基地等草原基本建设，优化畜群结构，改良牲畜品种，转变生产方式，发展舍饲圈养、划区轮牧，逐步实现畜草平衡，改善草原生态环境。

第三十六条 国务院和省级人民政府应当在其财政预算内安排支持畜牧业发展的良种补贴、贴息补助等资金，并鼓励有关金融机构通过提供贷款、保险服务等形式，支持畜禽养殖者购买优良畜禽、繁育良种、改善生产设施、扩大养殖规模，提高养殖效益。

第三十七条 国家支持农村集体经济组织、农民和畜牧业合作经济组织建立畜禽养殖场、养殖小区，发展规模化、标准化养殖。乡（镇）土地利用总体规划应当根据本地实际情况安排畜禽养殖用地。农村集体经济组织、农民、畜牧业合作经济组织按照乡（镇）土地利用总体规划建立的畜禽养殖场、养殖小区用地按农业用地管理。畜禽养殖场、养殖小区用地使用权期限届满，需要恢复为原用途的，由畜禽养殖场、养殖小区土地使用权人负责恢复。在畜禽养殖场、养殖小区用地范围内需要兴建永久性建（构）筑物，涉及农用地转用的，依照《中华人民共和国土地管理法》的规定办理。

第三十八条 国家设立的畜牧兽医技术推广机构，应当向农民提供畜禽养殖技术培训、良种推广、疫病防治等服务。县级以上人民政府应当保障国家设立的畜牧兽医技术推广机构从事公益性技术服务的工作经费。

国家鼓励畜禽产品加工企业和其他相关生产经营者为畜禽养殖者提供所需的服务。

第三十九条 畜禽养殖场、养殖小区应当具备下列条件：

（一）有与其饲养规模相适应的生产场所和配套的生产设施；

（二）有为其服务的畜牧兽医技术人员；

（三）具备法律、行政法规和国务院畜牧兽医行政主管部门规定的防疫条件；

（四）有对畜禽粪便、废水和其他固体废弃物进行综合利用的沼气池等设施或者其他无害化处理设施；

（五）具备法律、行政法规规定的其他条件。

养殖场、养殖小区兴办者应当将养殖场、养殖小区的名称、养殖地址、畜禽品种和养殖规模，向养殖场、养殖小区所在地县级人民政府畜牧兽医行政主管部门备案，取得畜禽标识代码。

省级人民政府根据本行政区域畜牧业发展状况制定畜禽养殖场、养殖小区的规模标准和备案程序。

第四十条 禁止在下列区域内建设畜禽养殖场、养殖小区：

（一）生活饮用水的水源保护区，风景名胜区，以及自然保护区的核心区和缓冲区；

（二）城镇居民区、文化教育科学研究区等人口集中区域；

（三）法律、法规规定的其他禁养区域。

第四十一条 畜禽养殖场应当建立养殖档案，载明以下内容：

（一）畜禽的品种、数量、繁殖记录、标识情况、来源和进出场日期；

（二）饲料、饲料添加剂、兽药等投入品的来源、名称、使用对象、时间和用量；

（三）检疫、免疫、消毒情况；

（四）畜禽发病、死亡和无害化处理情况；

（五）国务院畜牧兽医行政主管部门规定的其他内容。

第四十二条 畜禽养殖场应当为其饲养的畜禽提供适当的繁殖条件和生存、生长环境。

第四十三条 从事畜禽养殖，不得有下列行为：

（一）违反法律、行政法规的规定和国家技术规范的强制性要求使用饲料、饲料添加剂、兽药；

（二）使用未经高温处理的餐馆、食堂的泔水饲喂家畜；

（三）在垃圾场或者使用垃圾场中的物质饲养畜禽；

（四）法律、行政法规和国务院畜牧兽医行政主管部门规定的危害人和畜禽健康的其他行为。

第四十四条 从事畜禽养殖，应当依照《中华人民共和国动物防疫法》的规定，做好畜禽疫病的防治工作。

第四十五条 畜禽养殖者应当按照国家关于畜禽标识管理的规定，在应当加施标识的畜禽的指定部位加施标识。畜牧兽医行政主管部门提供标识不得收费，所需费用列入省级人民政府财政预算。

畜禽标识不得重复使用。

第四十六条 畜禽养殖场、养殖小区应当保证畜禽粪便、废水及其他固体废弃物综合利用或者无害化处理设施的正常运转，保证污染物达标排放，防止污染环境。

畜禽养殖场、养殖小区违法排放畜禽粪便、废水及其他固体废弃物，造成环境污染危害的，应当排除危害，依法赔偿损失。

国家支持畜禽养殖场、养殖小区建设畜禽粪便、废水及其他固体废弃物的综合利用设施。

第四十七条 国家鼓励发展养蜂业，维护养蜂生产者的合法权益。

有关部门应当积极宣传和推广蜜蜂授粉农艺措施。

第四十八条 养蜂生产者在生产过程中，不得使用危害蜂产品质量安全的药品和容器，确保蜂产品质量。养蜂器具应当符合国家技术规范的强制性要求。

第四十九条 养蜂生产者在转地放蜂时，当地公安、交通运输、畜牧兽医等有关部门应当为其提供必要的便利。

养蜂生产者在国内转地放蜂，凭国务院畜牧兽医行政主管部门统一格式印制的检疫合格证明运输蜂群，在检疫合格证明有效期内不得重复检疫。

第五章　畜禽交易与运输

第五十条　县级以上人民政府应当促进开放统一、竞争有序的畜禽交易市场建设。

县级以上人民政府畜牧兽医行政主管部门和其他有关主管部门应当组织搜集、整理、发布畜禽产销信息，为生产者提供信息服务。

第五十一条　县级以上地方人民政府根据农产品批发市场发展规划，对在畜禽集散地建立畜禽批发市场给予扶持。

畜禽批发市场选址，应当符合法律、行政法规和国务院畜牧兽医行政主管部门规定的动物防疫条件，并距离种畜禽场和大型畜禽养殖场三公里以外。

第五十二条　进行交易的畜禽必须符合国家技术规范的强制性要求。

国务院畜牧兽医行政主管部门规定应当加施标识而没有标识的畜禽，不得销售和收购。

第五十三条　运输畜禽，必须符合法律、行政法规和国务院畜牧兽医行政主管部门规定的动物防疫条件，采取措施保护畜禽安全，并为运输的畜禽提供必要的空间和饲喂饮水条件。

有关部门对运输中的畜禽进行检查，应当有法律、行政法规的依据。

第六章　质量安全保障

第五十四条　县级以上人民政府应当组织畜牧兽医行政主管部门和其他有关主管部门，依照本法和有关法律、行政法规的规定，加强对畜禽饲养环境、种畜禽质量、饲料和兽药等投入品的使用以及畜禽交易与运输的监督管理。

第五十五条 国务院畜牧兽医行政主管部门应当制定畜禽标识和养殖档案管理办法，采取措施落实畜禽产品质量责任追究制度。

第五十六条 县级以上人民政府畜牧兽医行政主管部门应当制定畜禽质量安全监督检查计划，按计划开展监督抽查工作。

第五十七条 省级以上人民政府畜牧兽医行政主管部门应当组织制定畜禽生产规范，指导畜禽的安全生产。

第七章 法律责任

第五十八条 违反本法第十三条第二款规定，擅自处理受保护的畜禽遗传资源，造成畜禽遗传资源损失的，由省级以上人民政府畜牧兽医行政主管部门处五万元以上五十万元以下罚款。

第五十九条 违反本法有关规定，有下列行为之一的，由省级以上人民政府畜牧兽医行政主管部门责令停止违法行为，没收畜禽遗传资源和违法所得，并处一万元以上五万元以下罚款：

（一）未经审核批准，从境外引进畜禽遗传资源的；

（二）未经审核批准，在境内与境外机构、个人合作研究利用列入保护名录的畜禽遗传资源的；

（三）在境内与境外机构、个人合作研究利用未经国家畜禽遗传资源委员会鉴定的新发现的畜禽遗传资源的。

第六十条 未经国务院畜牧兽医行政主管部门批准，向境外输出畜禽遗传资源的，依照《中华人民共和国海关法》

的有关规定追究法律责任。海关应当将扣留的畜禽遗传资源移送省级人民政府畜牧兽医行政主管部门处理。

第六十一条 违反本法有关规定，销售、推广未经审定或者鉴定的畜禽品种的，由县级以上人民政府畜牧兽医行政主管部门责令停止违法行为，没收畜禽和违法所得；违法所得在五万元以上的，并处违法所得一倍以上三倍以下罚款；没有违法所得或者违法所得不足五万元的，并处五千元以上五万元以下罚款。

第六十二条 违反本法有关规定，无种畜禽生产经营许可证或者违反种畜禽生产经营许可证的规定生产经营种畜禽的，转让、租借种畜禽生产经营许可证的，由县级以上人民政府畜牧兽医行政主管部门责令停止违法行为，没收违法所得；违法所得在三万元以上的，并处违法所得一倍以上三倍以下罚款；没有违法所得或者违法所得不足三万元的，并处三千元以上三万元以下罚款。违反种畜禽生产经营许可证的规定生产经营种畜禽或者转让、租借种畜禽生产经营许可证，情节严重的，并处吊销种畜禽生产经营许可证。

第六十三条 违反本法第二十八条规定的，依照《中华人民共和国广告法》的有关规定追究法律责任。

第六十四条 违反本法有关规定，使用的种畜禽不符合种用标准的，由县级以上地方人民政府畜牧兽医行政主管部门责令停止违法行为，没收违法所得；违法所得在五千元以上的，并处违法所得一倍以上二倍以下罚款；没有违法所得或者违法所得不足五千元的，并处一千元以上五千元以下罚款。

第六十五条 销售种畜禽有本法第三十条第一项至第四项违法行为之一的，由县级以上人民政府畜牧兽医行政主管部门或者工商行政管理部门责令停止销售，没收违法销售的畜禽和违法所得；违法所得在五万元以上的，并处违法所得一倍以上五倍以下罚款；没有违法所得或者违法所得不足五万元的，并处五千元以上五万元以下罚款；情节严重的，并处吊销种畜禽生产经营许可证或者营业执照。

第六十六条 违反本法第四十一条规定，畜禽养殖场未建立养殖档案的，或者未按照规定保存养殖档案的，由县级以上人民政府畜牧兽医行政主管部门责令限期改正，可以处一万元以下罚款。

第六十七条 违反本法第四十三条规定养殖畜禽的，依照有关法律、行政法规的规定处罚。

第六十八条 违反本法有关规定，销售的种畜禽未附具种畜禽合格证明、检疫合格证明、家畜系谱的，销售、收购国务院畜牧兽医行政主管部门规定应当加施标识而没有标识的畜禽的，或者重复使用畜禽标识的，由县级以上地方人民政府畜牧兽医行政主管部门或者工商行政管理部门责令改正，可以处二千元以下罚款。

违反本法有关规定，使用伪造、变造的畜禽标识的，由县级以上人民政府畜牧兽医行政主管部门没收伪造、变造的畜禽标识和违法所得，并处三千元以上三万元以下罚款。

第六十九条 销售不符合国家技术规范的强制性要求的畜禽的，由县级以上地方人民政府畜牧兽医行政主管部门或者工商行政管理部门责令停止违法行为，没收违法销售的畜禽和违法所得，并处违法所得一倍以上三倍以下罚款；情节严重的，由工商行政管理部门并处吊销营业执照。

第七十条 畜牧兽医行政主管部门的工作人员利用职务上的便利，收受他人财物或者谋取其他利益，对不符合法定条件的单位、个人核发许可证或者有关批准文件，不履行监督职责，或者发现违法行为不予查处的，依法给予行政处分。

第七十一条 种畜禽生产经营者被吊销种畜禽生产经营许可证的，由畜牧兽医行政主管部门自吊销许可证之日起十日内通知工商行政管理部门。种畜禽生产经营者应当依法到工商行政管理部门办理变更登记或者注销登记。

第七十二条 违反本法规定，构成犯罪的，依法追究刑事责任。

第八章　附　则

第七十三条 本法所称畜禽遗传资源，是指畜禽及其卵子（蛋）、胚胎、精液、基因物质等遗传材料。

本法所称种畜禽，是指经过选育、具有种用价值、适于繁殖后代的畜禽及其卵子（蛋）、胚胎、精液等。

第七十四条 本法自 2006 年 7 月 1 日起施行。

中华人民共和国国家标准

生鲜牛乳收购标准

Standards for the qualifications of raw and fresh milk received from farms

GB 6914—86

本标准适用于收购的生鲜牛乳的检验和评级。

1 定义

1.1 收购的生鲜牛乳：收购的生鲜牛乳系指从正常饲养的、无传染病和乳房炎的健康母牛乳房内挤出的常乳。

2 收购的生鲜牛乳的质量要求

2.1 理化指标

理化指标只有合格指标，不再分级，见表1。

表1

项目		指标
脂肪,%	≥	3.10
蛋白质,%	≥	2.95
密度 d_4^{20}	≥	1.0280
酸度（以乳酸表示）,%	≤	0.162
杂质度，ppm	≤	4
汞，ppm	≤	0.01
六六六、滴滴涕，ppm	≤	0.1

2.2 感官指标

正常牛乳应为乳白色或微带黄色，不得含有肉眼可见的异物，不得有红色、绿色或其他异色。不能有苦、咸、涩的滋味和饲料、青贮、霉等其他异常气味。

2.3 细菌指标

收购牛乳细菌指标计有下列两个，每个均可采用。采用平皿细菌总数计算法，按表 2 每毫升内细菌总数分级指标进行评级；采用美蓝还原褪色法按表 3 美蓝褪色时间分级指标进行评级。两者只许采用一个，不能重复。

表 2

分　　级	平皿细菌总数分级指标，万个/ml
Ⅰ	≤50
Ⅱ	≤100
Ⅲ	≤200
Ⅳ	≤400

表 3

分　　级	美蓝褪色时间分级指标
Ⅰ	≥4h
Ⅱ	≥2.5h
Ⅲ	≥1.5h
Ⅳ	≥40min

3 检验方法

3.1 乳的取样法

3.1.1 适用范围：本法记述从大型容器或小型容器中，取得具有代表性样品的生乳及消毒乳取样的方法。

3.1.2 规定：样品的采取必须由公认的、具有一定技术的代理人进行。该代理人必须无传染性疾病。样品应附有负责取样者签名的报告书，该报告书应详细记载取样的场所、奶别、货主、日期、时间、取样者和到场者的姓名及职称，必要时还应包括包装形式、大气温度、湿度、取样器具的灭菌方法、样品防腐剂添加与否及有关的特殊情况。

3.1.3 各样品必须贴上标签并密封之，必要时还要写明样品的重量。样品采取后必须在24h内，迅速送往试验室进行检验。检验细菌的样品采样后应立即于4℃下冷藏，并于18h内送到试验室进行检验；如无冷藏设备，必须于采样后2h内进行检验。

3.1.4 化学分析用样品采样所用器具及样品容器都必须清洁干燥。细菌检验用的取样器具必须清洁灭菌，灭菌方法应根据不同材质容器，采用不同灭菌法。

3.1.4.1 在170℃高温热气中保持2h（能在无菌条件下放置更好）。

3.1.4.2 在120℃蒸气（高压锅）中保持15～20min（能在无菌条件下放置更好）。

3.1.4.3 在100℃开水中浸泡1min（器具立即使用）。

3.1.4.4 在70%酒精中浸泡，使用之前再用火焰烧去酒精。

取样容器以玻璃材料、不锈钢和某些塑料制品为好，须配有合适的橡胶塞、塑料塞或螺旋塞盖紧。使用橡胶塞时，须用不吸附的无臭物质（例如某种塑料）套好盖在容器上，也可用合适的塑料袋。

3.1.5 小型容器取样，应该用密封完整的容器的内容物作为样品。化学分析的鲜乳样品，可加适量对分析没有影响的防腐剂，并在标签和报告中注明。细菌和感官检验用的样品不得使用防腐剂，但必须保存在0～5℃冷藏容器中，运输途中也不可超过10℃，并须防止日光直射。

3.1.6 大容器取样前，应上、下持续搅拌25次以上，直至充分混匀，然后直接用长柄匙取样。

3.1.7 检验前，无论是理化质量检验或卫生质量检验，所有生奶及消毒奶样品由冷藏处取出后均须升温至40℃，剧烈颠覆上下摇荡，使内部脂肪完全融化并混合均匀后，再降温至20℃，用吸管取样进行检验。

3.2 乳中脂肪含量的测定

3.2.1 方法及处理 按照罗兹—格特里（Rose - Gettlieh）的乳脂肪测定法，将定量乳汁溶于含氨的酒精溶液中，用乙醚及石油醚将脂肪抽出，再蒸发去溶剂，称量残留物质测定其中乳脂的重量。

3.2.2 试剂和溶液

3.2.2.1 氨水（GB 631—77）

3.2.2.2 95％乙醇（GB 679—80）。

3.2.2.3 乙醚（HG 3 - 1002—76）和石油醚（HG 3 - 1003—76）1∶1混合溶液。

3.2.3 仪器和设备

3.2.3.1 化学天平：感量0.1mg。

3.2.3.2 抽出管：具有磨口玻璃塞、软木塞或对所使用的溶剂没有腐蚀污染的塞子。使用软木塞时将良质的软木塞用乙醚继而用石油醚进行处理，再将其放在60℃或60℃以上的热水中至少浸泡20min以上，用水冷却，这样再使用时便饱和了。

3.2.3.3 烧瓶：250ml或150ml。

3.2.3.4 干燥箱：能调节到102±2℃使用。

3.2.3.5 电加热板：配有安全装置。

3.2.4 操作方法

3.2.4.1 样品制备：参照 3.1.7 进行样品处理，但摇荡时不可过分强烈以至乳起泡和出现黄油脂肪搅乳。

3.2.4.2 空白试验：在测定样品脂肪含量时，用同型的抽出管，同量的试剂，以 10ml 蒸馏水进行空白试验。该空白试验值超过 0.5mg 时，检查所用试剂，不纯的要换。

3.2.4.3 将烧瓶置于干燥箱中加热 0.5～1h（在后面除去溶剂时用的浮石也一并放入），当烧瓶冷却至天平室温度时称重。

3.2.4.4 立即将 10～11g 充分混合了的样品置入抽出管中，在天平上直接称重或称其重量差。然后加入 25％的氨溶液 1.5ml 或相应数量的已知更浓的氨溶液充分混合。在不加塞的容器里加入乙醇 10ml，将其液体缓慢地、充分地混合，再加入乙醚 25ml，将容器塞紧，用力摇荡 1～2min，冷却。必要时可在流水中冷却。

小心取下塞子，加入石油醚 25ml，摇荡 0.5～15min。将容器静置约 30min，至上层变得透明并与水层清晰地分离。取下塞子，用混合溶剂数毫升冲洗塞子及容器口部的内壁，所有冲洗液均注入容器中。仔细地用移液管或虹吸管尽可能多地将上层清液移入烧瓶中。

注：在不使用虹吸管移液操作时，为了便于倾倒，必须加入少量的水使两层间的界面上升。

用混合溶剂数毫升冲洗容器口部的内外壁或虹吸管前端的下部分。冲洗容器外壁的冲洗液流入烧瓶中，冲洗口部内壁及虹吸管的冲洗液则流入抽出瓶中。

3.2.4.5 用 15ml 乙醚和 15ml 石油醚重复上述操作，进行第二次抽出。重复上述操作进行第三次抽出，唯略去最后的冲洗过程。

3.2.4.6 要注意尽可能地将溶剂（包含乙醇）蒸发或蒸馏去。在烧瓶容量小的时候，须用上述方法将抽出的各种溶剂先除去一部分。如果溶剂的气味已经消失，将烧瓶侧放在干燥箱中加热 1h，然后冷却至室温，称重，重复烘烤，直至恒重。

如果抽出物中有不溶或有怀疑争议时，重复加入石油醚并缓慢加温摇动，将烧瓶中的脂肪完全抽出。此时，在倾倒前要使不溶物质沉淀，烧瓶口的外壁冲洗三次。

如前所述，将烧瓶横放在干燥箱中加热 1h 后，冷却至天平室温度，称重，脂肪的重量，用 3.2.4.6 的重量与此次最后重量之差表示之。

3.2.5 计算

样品的脂肪含量按式（1）计算。

$$F(\%)=\frac{a}{W}\times 100 \qquad (1)$$

式中：F——样品的脂肪含量，%；

a——脂肪重量，g；

W——样品重量，g。

两次平行测定结果之差，对于 100g 牛乳不超过 0.03g。

3.3 乳汁中蛋白质含量的测定

3.3.1 方法原理

用半微量凯氏定氮法，测定乳汁中氮的含量，从而计算出该乳汁中蛋白质的含量（%）。

3.3.2 试剂和溶液

3.3.2.1 盐酸（GB 622—77）：0.05N 标准溶液。

3.3.2.2 氢氧化钠（GB 629—81）：饱和溶液。

3.3.2.3 硼酸（GB 628—78）：2%溶液。

3.3.2.4 混合催化剂：无水硫酸钾或硫酸钠、硫酸铜、硒按 100∶10∶2 的重量比配制而成。

3.3.2.5 混合指示液：以 0.2%甲基红与 0.1%次甲基蓝相等体积混合配成。

3.3.3 仪器和设备

3.3.3.1 电炉：1～2 组附有支撑架的可调电炉。

3.3.3.2 凯氏烧瓶：250ml。

3.3.3.3 半微量凯氏定氮仪。

3.3.3.4 容量瓶：100ml。

3.3.4 操作

3.3.4.1 在干净的凯氏烧瓶里，加入约 2g 催化剂，然后用 10ml 移液管吸取经 40℃升温并冷却至 20℃左右的混合均匀的牛乳样品 10ml，称重后直接注入凯氏烧瓶底部，再沿瓶壁徐徐加入 15～20ml 浓硫酸，并轻轻摇荡，使样品全部被硫酸脱水炭化。

3.3.4.2 将加好试剂的凯氏烧瓶放入通风橱内的可调电炉上，先小火加热，至冒出白烟后加大火力，直至瓶内溶液变成透明淡蓝色后，再继续加热约 20～30min 即可。

3.3.4.3 将已冷却的溶液移入 100ml 容量瓶内，并用蒸馏水重复冲洗凯氏烧瓶 5～6 次，全部冲洗液倒入容量瓶中，最后在液温 20℃时定容至 100ml 刻度线处。

3.3.4.4 蒸馏：吸取容量瓶内样品 10ml 放入半微量凯氏定氮仪的反应室内，加入约 4ml 饱和氢氧化钠，放开蒸汽管夹，在通入的热蒸汽作用下，样品与饱和氢氧化钠反应，放出 NH_3，经冷却管冷却后流入盛有 2%的硼酸溶液接受杯中，成为 $NH_4HB_4O_7$，使原来淡紫红色的硼酸溶液（内加有适量的混合指示剂）变为淡苹果绿色，直至硼酸接受杯中溶液增加至约 30ml 时取下接受杯，同时用蒸馏水少许将冷却管末端（浸入接受杯部分）残余液滴冲洗入接受杯内。

3.3.4.5 滴定：将接受杯内液体用 0.05N 盐酸标准溶液滴定，至出现淡紫红色时为止，读出所消耗的盐酸毫升数。

3.3.5 结果与计算

$$CP\ (\%) = \frac{N \times V \times 0.014 \times 6.38}{W \times \frac{10}{100}} \times 100 \qquad (2)$$

式中：*CP*——蛋白质含量，%；

N——盐酸当量浓度；

V——滴定消耗的盐酸标准溶液的体积，ml；

0.014——1.0ml 的一个当量盐酸溶液相当于0.014g 氮；

6.38——为将牛乳中氮的含量转算为蛋白质量的转换值；

W——牛乳样品重，g。

3.4 乳汁密度的测定

3.4.1 仪器设备

温度计：0～100℃；

牛奶密度计（乳稠计）：20℃/4℃；

量筒：250ml、直径大小应使在沉入乳稠计时，乳稠计的周边和量筒内壁间的距离不小于 0.5cm。

3.4.2 操作　将牛乳样品升温至 40℃，上下颠倒摇荡，混合均匀后，降温至 20℃（10～25℃）左右，小心地注入高度大于密度计长度，容积约 250ml 的玻璃量筒中，加到量筒容积的 3/4 时为止。注入牛乳时应防止牛乳生成泡沫。放入乳稠计时，应手持乳稠计上部，小心地把它沉入量筒内的乳汁中，让它自由浮动，要使它不与量筒壁接触，等乳稠计静止 2～3min 后，双眼对准筒内乳液表面的高度。由于牛乳表面与乳稠计接触处形成新月形，此新月形表面的顶点处乳稠计标尺的高度，即密度的数值。

3.4.3 结果的表示　所用的乳稠计要以 20℃时的数值表示。因此，如果乳样具有另一温度，则须对温度的差异加以校正。温度比 20℃每高出 1℃时，要在得出的乳稠计度数上加 0.2°，或在密度数值上加上0.000 2；而在温度比 20℃每低 1℃时，要从得出的乳稠计度数上减 0.2°，或在密度数值上减去0.000 2。如遇到旧式密度计，标尺是 15℃/15℃时刻成的，须在 15℃的同一温度下测定和读数。此密度数值，比在 20℃时用 20℃/4℃刻度的密度计测定牛乳所得的数值高 0.002 或较后一种密度计读数高 2℃。

3.5 乳汁酸度的测定

3.5.1 试剂和溶液

3.5.1.1 95％乙醇（GB 679—80）：0.5％中性酚酞溶液。

3.5.1.2 氢氧化钠（GB 629—81）（无碳酸盐）：1/9N 溶液。

3.5.1.3 冰乙酸（GB 676—78）。

3.5.1.4 乙酸玫瑰苯胺浓溶液：称取 0.12g 乙酸玫瑰苯胺，逐渐加人 95％乙醇（内有 0.5ml 冰乙酸）50ml，再加入 95％乙醇稀释成 100ml。

3.5.1.5 乙酸玫瑰苯胺稀溶液：吸取上述溶液 1ml，用 1：1 蒸馏水稀释过的 95％乙醇溶液稀释至 500ml。上述两种溶液应于阴暗处保存在棕色小口瓶中，用橡皮塞塞紧待用。

3.5.1.6 酚酞（HGB 3039—59）：0.5％中性溶液的配制，取 1g 酚酞溶于 110 ml 95％乙醇中，加入 80ml 蒸馏水，再

用约 0.1N 氢氧化钠溶液一滴一滴的加入，直至溶液呈淡红色为止，再加入蒸馏水稀至 200ml 即可。

3.5.2 仪器和设备

3.5.2.1 酸式滴定管、碱式滴定管：各 10ml。

3.5.2.2 容量瓶：100ml、500ml。

3.5.3 操作者用吸管取两份 10ml 牛乳，分别放入两个 50ml 三角瓶中，其中一瓶加入 1ml 稀释的乙酸玫瑰苯胺溶液作为颜色对照；在另一瓶中加入 1ml 酚酞溶液，再由滴管中迅速加入 1∶9N 氢氧化钠溶液 1ml，然后继续逐滴加入，不停摇动，直至呈现的颜色与对照瓶内淡品红色相同时为止。全部滴定时间应当为 20s 左右。滴定工作最好能在白昼进行。如在夜晚进行须用荧光灯照明，如不用玫瑰苯胺颜色作对照，滴定终点可决定于奶样呈现淡品红色后，维持 5s 不褪即可。

3.5.4 结果的表示　每 100ml 牛乳内含有乳酸克数＝滴定 10ml 牛乳时消耗 1/9N 氢氧化钠溶液的毫升数÷10（乳酸克分子量设为 90）。

也可用每 100ml 乳样内乳酸克数＝奶样酸度 T×0.009（0.009 为乳酸换算系数，即 1ml0.1N 氢氧化钠相当于 0.009g 乳酸）。

> 注：牛乳“T”滴定法：取 10ml 待测的牛乳加 20ml 蒸馏水，再加入 0.5%中性酚酞溶液 1.5ml，用 0.1N 氢氧化钠标准溶液滴定，直至溶液呈淡品红色在 30s 内不消失为止，消耗 0.1N 氢氧化钠标准溶液的毫升数乘以 10，即得酸度 T。两次平行试验结果差值不得大于 0.5T。

还可以用酒精试验快速测定收购生乳的鲜度。酒精试验方法是在试管内用 1～2ml 中性酒精与牛乳等量混合，摇荡后不出现絮片的乳样即符合下列酸度标准，出现絮片的牛乳为酒精试验阳性乳，表示其酸度高。试验时温度以20℃为标准。

酒精浓度	不出现絮片的酸度
68	20°T 以下
70	19°T 以下
72	18°T 以下

3.6 乳汁杂质的测定

3.6.1 方法原理　取定量的牛乳样通过一定大小口径的棉质过滤板过滤，用特制的含有不同杂质沉淀量的各标准比色板与此过滤板的杂质沉淀颜色相比可以测出该乳样内杂质的浓度。

3.6.2 仪器和设备

3.6.2.1 棉质过滤板：直径32mm。

3.6.2.2 抽气泵：368W。

3.6.2.3 标准比色板：直径为28.6mm。

3.6.3 操作　取奶样500ml，加热至60℃，于棉质过滤板上过滤，为了加快过滤速度，可用真空泵抽滤，用水冲洗粘附在过滤板上的牛乳。将过滤板置于烘箱中烘干后，再与标准比色板比较，即可得出过滤板上的杂质量。

3.6.4 结果的表示　根据前述选出的与棉质过滤板颜色最近似的标准比色板所代表的每500ml牛乳中含有的杂质毫克数，即可读出乳样每500ml中含有的杂质毫克数。如以此数乘2，即可得出乳样内以ppm为单位的杂质浓度，或每公升含有杂质的毫克数。

3.7 乳汁中汞的测定

乳汁中汞的测定按GB 5009.1～5009.70—85《食品卫

生检验方法　理化部分》中 GB 5009.17—85 进行。

3.8　乳汁中六六六、滴滴涕残留量的测定

乳汁中六六六、滴滴涕残留量按照 GB 5009.1～5009.70—85 中 GB 5009.19—85 进行。

3.9　乳汁中细菌总数的测定

乳汁中细菌总数的测定按照 GB 4789.1～4799.28—84《食品卫生检验方法　微生物学部分》中 GB4789.2—84 进行。

3.10　牛乳美蓝还原褪色试验

3.10.1　定义　本方法中所指牛乳卫生质量包括细菌的浓度和代谢强度以及体细胞代谢消耗一定量的氧所需要的时间。

3.10.2　方法原理　利用微生物及体细胞浓度愈大，代谢愈旺盛，单位时间内消耗氧愈多，美蓝还原褪色时间相应变短；反之，美蓝褪色时间则相应变长。在一定容量的牛乳内加入定量的美蓝，上覆少量消毒的液体石蜡以隔绝外界氧，在 38℃水浴中静置观察美蓝褪色时间的长短。

3.10.3　试剂　美兰溶液的配制：称取分析美蓝 4.9ml，在 100ml 定容瓶内加部分蒸馏水使之全部溶解后定容至 100ml，塞上瓶盖，于冰箱中贮存备用，使用期限为 14 日。

液体石蜡（分析纯），使用前须蒸煮 30min 消毒。

3.10.4 仪器设备

分析天平：感量 0.1mg；

定温浴槽（内高不低于 21cm）；

试管：18×1.8cm；

金属试管架；

吸管：1 和 20ml。

玻璃器皿使用前均须进行灭菌，吸管上端须放有脱脂棉以防操作时唾液进入样品。

3.10.5 操作方法 用消毒吸管吸取每个待测乳样 20ml，分别放入顺序排列在试管架上、编有代号的试管中，再在每个试管内加入 1ml 美蓝标准溶液，然后用一小张干净硫酸纸盖住管口，再用拇指压紧，分别颠倒摇荡混匀后，顺序放在试管架上。在每个试管上部加入少许消毒液体石蜡封闭，然后将试管连同管架放入 38℃恒温浴槽中，应使槽中水面不低于试管内乳样高度。记录开始时间，经常注意观察每支试管的颜色变化。当某一试管的颜色由蓝变白（底部或表层余有少许蓝色者也应算其褪色完毕）即算褪色完毕，记录其褪色时间。

3.10.6 结果的表示 用小时和分钟作为时间单位，表示每个样品的美蓝还原褪色时间。

附加说明：

本标准由中华人民共和国农牧渔业部和卫生部提出。

本标准由中国农业科学院畜牧研究所负责起草。

本标准主要起草人王鹏。

自本标准实施之日起，GB 5408—85《消毒牛乳》中附录 A（补充件）“生鲜牛乳的一般技术要求”作废。

中华人民共和国国家标准

畜禽养殖业污染物排放标准

Discharge standard of pollutants for livestock and poultry breeding

GB 18596—2001

前　言

为贯彻《环境保护法》、《水污染防治法》、《大气污染防治法》，控制畜禽养殖业产生的废水、废渣和恶臭对环境的污染，促进养殖业生产工艺和技术进步，维护生态平衡，制定本标准。

本标准适用于集约化、规模化的畜禽养殖场和养殖区，不适用于畜禽散养户。根据养殖规模、分阶段逐步控制，鼓励种养结合和生态养殖，逐步实现全国养殖业的合理布局。

根据畜禽养殖业污染物排放的特点，本标准规定的污染物控制项目包括生化指标、卫生学指标和感观指标等。为推动畜禽养殖业污染物的减量化、无害化和资源化，本标准规定了废水、恶臭排放标准和废渣无害化环境标准。

本标准为首次制定。

本标准由国家环境保护总局科技标准司提出。

本标准由农业部环境保护科研监测所、天津市畜牧局、上海市畜牧办公室、上海市农业科学院环境科学研究所负责起草。

本标准由国家环境保护总局于2001年11月26日批准。

本标准由国家环境保护总局负责解释。

1 主题内容与适用范围

1.1 主题内容

本标准按集约化畜禽养殖业的不同规模分别规定了水污染物、恶臭气体的最高允许日均排放浓度、最高允许排水量，畜禽养殖业废渣无害化环境标准。

1.2 适用范围

本标准适用于全国集约化畜禽养殖场和养殖区污染物的排放管理，以及这些建设项目环境影响评价、环境保护设施设计、竣工验收及其投产后的排放管理。

1.2.1 本标准适用的畜禽养殖场和养殖区的规模分级，按表1和表2执行。

表1 集约化畜禽养殖场的适用规模（以存栏数计）

类别 规模分级	猪（头） 25kg以上	鸡（只）		牛（头）	
		蛋 鸡	肉 鸡	成年奶牛	肉 牛
Ⅰ级	≥3 000	≥100 000	≥200 000	≥200	≥400
Ⅱ级	500≤Q <3 000	15 000≤Q <100 000	30 000≤Q <200 000	100≤Q <200	200≤Q <400

表2 集约化畜禽养殖区的适用规模（以存栏数计）

类别 规模分级	猪（头） 25kg以上	鸡（只）		牛（头）	
		蛋 鸡	肉 鸡	成年奶牛	肉 牛
Ⅰ级	≥6 000	≥200 000	≥400 000	≥400	≥800
Ⅱ级	3 000≤Q <6 000	100 000≤Q <200 000	200 000≤Q <400 000	200≤Q <400	400≤Q <800

注：Q表示养殖量

1.2.2 对具有不同畜禽种类推的养殖场和养殖区，其规模可将鸡、牛的养殖量换算成猪的养殖量，换算比例为：30只蛋鸡折算成1头猪，60只肉鸡折算成1头猪，1头奶牛折算成10头猪，1头肉牛折算成5头猪。

1.2.3 所有Ⅰ级规模范围内的集约化畜禽养殖场和养殖区，以及Ⅱ级规模范围内且地处国家环境保护重点城市、重点流域和污染严重河网地区的集约化畜禽养殖场和养殖区，自本标准实施之日起开始执行。

1.2.4 其他地区Ⅱ级规模范围内的集约化养殖场和养殖区，实施标准的具体时间可由县级以上人民政府环境保护行政主管部门确定，但不得迟于2004年7月1日。

1.2.5 对集约化养羊场和养羊区，将羊的养殖量换算成猪的养殖量，换算比例：3只羊换算成1头猪，根据换算后的养殖量确定养羊场或养羊区的规模级别，并参照本标准的规定执行。

2 定义

2.1 集约化畜禽养殖场

指进行集约化经营的畜禽养殖场。集约化养殖是指在较小的场地内，投入较多的生产资料和劳动采用新的工艺技术措施，进行精心管理的饲养方式。

2.2 集约化畜禽养殖区

指距居民区一定距离，经过行政区划确定的多个畜禽养殖个体生产集中的区域。

2.3 废渣

指养殖场外排的畜禽粪便、畜禽舍垫料、废饲料及散落的毛羽等固体废物。

2.4 恶臭污染物

指一切刺激嗅觉器官，引起人们不愉快及损害生活环境的气体物质。

2.5 臭气浓度

指恶臭气体（包括异味）用无臭空气进行稀释，稀释到刚好无臭时所需的稀释倍数。

2.6 最高允许排水量

指在畜禽养殖过程中直接用于生产的水的最高允许排放量。

3 技术内容

本标准按水污染物、废渣和恶臭气体的排放分为以下三部分。

3.1 畜禽养殖业水污染物排放标准

3.1.1 畜禽养殖业废水不得排入敏感水域和有特殊功能的水域。排放去向应符合国家和地方的有关规定。

3.1.2 标准适用规模范围内的畜禽养殖业的水污染排放分别执行表3、表4和表5的规定。

表3 集约化畜禽养殖业水冲工艺最高允许排水量

种类	猪 [m³/（百头·d）]		鸡 [m³/（千只·d）]		牛 [m³/（百头·d）]	
季节	冬季	夏季	冬季	夏季	冬季	夏季
标准值	2.5	3.5	0.8	1.2	20	30

注：废水最高允许排放量的单位中，百头、千只均指存栏数。

春、秋季废水最高允许排放量按冬、夏两季的平均值计算。

表 4　集约化畜禽养殖业干清粪工艺最高允许排水量

种类	猪 ［m^3/（百头·d)］		鸡 ［m^3/（千只·d)］		羊 ［m^3/（百头·d)］	
季节	冬季	夏季	冬季	夏季	冬季	夏季
标准值	1.2	1.8	0.5	0.7	17	20

注：废水最高允许排放量的单位中，百头、千只均指存栏数。

春、秋季废水最高允许排放量按冬、夏两季的平均值计算。

表 5　集约化畜禽养殖业水污染最高允许日均排放浓度

控制项目	五日生化需氧量（mg/L)	化学需氧量（mg/L)	悬浮物（mg/L)	氨氮（mg/L)	总磷（以 P 计）（mg/L)	粪大肠菌群数（个/100ml)	蛔虫卵（个/L)
标准值	150	400	200	80	8.0	1 000	2.0

3.2　畜禽养殖业废渣无害化环境标准

3.2.1　畜禽养殖业必须设置废渣的固定储存设施和场所，储存场所要有防止粪液渗漏、溢流措施。

3.2.2　用于直接还田的畜禽粪便，必须进行无害化处理。

3.2.3　禁止直接将废渣倾倒入地表水体或其他环境中。畜禽粪便还田时，不能超过当地的最大农田负荷量。避免造成面源污染和地下水污染。

3.2.4　经无害化处理后的废渣，应符合表 6 的规定。

表 6　畜禽养殖业废渣无害化环境标准

控制项目	指　标
蛔虫卵	死亡率≥95%
粪大肠菌群数	≤103 个/kg

3.3　畜禽养殖业恶臭污染物排放标准

3.3.1　集约化畜禽养殖业恶臭污染物的排放执行表7的规定。

表 7　集约化畜禽养殖业恶臭污染物排放标准

控制项目	标准值
臭气浓度（无量纲）	70

3.4　畜禽养殖业应积极通过废水和粪便的还田或其他措施对所排放的污染物进行综合利用，实现污染物的资源化。

4　监测

污染物项目监测的采样点和采样频率应符合国家环境监测技术规范的要求。污染物项目的监测方法按表 8 执行。

表 8　畜禽养殖业污染物排放配套监测方法

序号	项　目	监测方法	方法来源
1	生化需氧（BOD5）	稀释与接种法	GB 7488-87
2	化学需氧（CODcr）	重铬酸钾法	GB 11914-89
3	悬浮物（SS）	重量法	GB 11901-89
4	氨氮（NH_3 —N）	钠氏试剂比色法	GB 7479-87
		水杨酸分光光度法	GB 7481-87
5	总 P（以 P 计）	钼蓝比色法	1)
6	粪大肠菌群数	多管发酵法	GB 5750-85
7	蛔虫卵	吐温—80 柠檬酸缓冲液离心沉淀集卵法	2)
8	蛔虫卵死亡率	堆肥蛔虫卵检查法	GB 7959-87
9	寄生虫卵沉降率	粪稀蛔虫卵检查法	GB 7959-87
10	臭气浓度	三点式比较臭袋法	GB 14675

注：分析方法中，未列出国标的暂时采用下列方法，待国家标准方法颁布后执行国家标准。

1）水和废水监测分析方法（第三版），中国环境科学出版社，1989。

2）卫生防疫检验，上海科学技术出版社，1964。

5　标准的实施

5.1　本标准由县级以上人民政府环境保护行政主管部门实

施统一监督管理。

5.2 省、自治区、直辖市人民政府可根据地方环境和经济发展的需要，确定严于本标准的集约化畜禽养殖业适用规模，或制定更为严格的地方畜禽养殖业污染排放标准，并报国务院环境保护行政主管部门备案。

中华人民共和国农业行业标准

无公害食品　畜禽饮用水水质

NY 5027—2001

前　言

本标准附录A为规范性附录，附录B为资料性附录。

本标准由中华人民共和国农业部提出。

本标准起草单位：农业部环境保护科研监测所。

本标准主要起草人：王德荣、张泽、宁安荣、白清云、沈跃。

1　范围

本标准规定了生产无公害畜禽产品养殖过程中畜禽饮用水水质要求和配套的检测方法。

本标准适用于生产无公害食品的集约化畜禽养殖场、畜禽养殖区和放牧区的畜禽饮用水水质。

2　规范性引用文件

下列文件中的条款通过本标准的引用而成为本标准的条款。凡是注日期的引用文件，其随后所有的修改单（不包括勘误的内容）或修改版本均不适用于本标准，然而，鼓励根据本标准达成协议的各方研究是否可使用这些文件的最新版本，凡是不注日期的引用文件，其最新版本适用于本标准。

GB/T 5750　生活饮用水标准检验法

GB/T 6920　水质　pH 值的测定　玻璃电极法

GB/T 7467　水质　六价铬的测定　二苯碳酰二肼分光光度法

GB/T 7468　水质　总汞的测定　冷原子分光光度法

GB/T 7475　水质　铜、锌、铅、镉的测定原子吸收分光光谱法

GB/T 7480　水质　硝酸盐氮的测定　酚二磺酸分光光度法

GB/T 7483　水质　氟化物的测定　茜素磺酸锆目视分光光度法

GB/T 7485　水质　总砷的测定　二乙基二硫代氨基甲酸银分光光度法

GB/T 7486　水质　氰化物的测定　第一部分：总氰化物的测定

GB/T 7492　水质　六六六和滴滴涕的测定气相色谱法

GB/T 11896　水质　氯化物的测定　硝酸银滴定法

GB/T 13192　水质　有机磷农药的测定气相色谱法

GB/T 14878　食品中百菌清残留量的测定方法

GB/T 17331　食品中有机磷和氨基甲酸酯类农药多种残留的测定

3　术语和定义

下列术语和定义适用于本标准。

3.1　集约化畜禽养殖场 intensive animal production farm

进行集约化经营的养殖场。集约化养殖场是指在较小的

场地内，投入较多的生产资料和劳动，采用新的工艺与技术措施，进行专业化管理的饲养方式。

3.2　畜禽养殖区 animal production zone

多个畜禽养殖个体集中生产的区域。

3.3　畜禽放牧区 pasturing area

采用放牧的饲养方式，并得到省、部级有关部门认可的牧区。

4　水质要求

4.1　畜禽饮用水水质不应大于表 1 的规定。

4.2　当水源中含有农药时，其浓度不应大于附录 A 的限量。

表 1　畜禽饮用水水质标准

项　目			标准值	
			畜	禽
感官性状及一般化学指标	色，(°)	≤	色度不超过 30°	
	浑浊度，(°)	≤	不超过 20°	
	臭和味	≤	不得有异臭、异味	
	肉眼可见物	≤	不得含有	
	总硬度（以 $CaCO_3$ 计），mg/L	≤	1 500	
	pH	≤	5.5～9	6.4～8.0
	溶解性总固体，mg/L	≤	4 000	2 000
	氯化物（以 Cl 计），mg/L	≤	1 000	250
	硫酸盐（以 SO，计），mg/L	≤	500	250
细菌学指标	总大肠菌群，个/100ml	≤	成年畜 10，幼畜和禽 1	

（续）

项　目		标准值	
		畜	禽
毒理学指标	氟化物（以F计），ml/L　≤	2.0	2.0
	氰化物，mg/L　≤	0.2	0.02
	总砷L，mg/L　≤	0.2	0.2
	总汞，mg/L　≤	0.01	0.001
	铅，mg/L　≤	0.1	0.1
	铬（六价），mg/L　≤	0.1	0.01
	镉，mg/L　≤	0.05	0.01
	硝酸盐（以N计），mg/L　≤	30	30

5　检验方法

5.1　色：按 GB/T 5750 执行。

5.2　浑浊度：按 GB/T 5750 执行。

5.3　臭和味：按 GB/T 5750 执行。

5.4　肉眼可见物：按 GB/T 5750 执行。

5.5　总硬度（以 $CaCO_3$ 计）：按 GB/T 5750 执行。

5.6　溶解性总固体：按 GB/T 5750 执行。

5.7　硫酸盐（以 SO_4^{2-} 计）：按 GB/T 5750 执行。

5.8　总大肠菌群：按 GB/T 5750 执行。

5.9　pH：按 GB/T 6920 执行。

5.10　铬（六价）：按 GB/T 7467 执行。

5.11　总汞：按 GB/T 7468 执行。

5.12　铅：按 GB/T 7475 执行。

5.13　镉：按 GB/T 7475 执行。

5.14 硝酸盐：按 GB/T 7480 执行。

5.15 氟化物（以 F^- 计）：按 GB/T 7483 执行。

5.16 总砷：按 GB/T 7485 执行。

5.17 氰化物：按 GB/T 7486 执行。

5.18 氯化物（以 Cl^- 计）：按 GB/T 11896 执行。

附　录　A

（规范性附录）

畜禽饮用水中农药限量与检验方法

A.1 当畜禽饮用水中含有农药时，农药含量不能超过 A.1 中的规定。

表 A.1　畜禽饮用水中农药限量指标

单位为毫克/升

项　目	限　值
马拉硫磷	0.25
内吸磷	0.03
甲基对硫磷	0.02
对硫磷	0.003
乐果	0.08
林丹	0.004
百菌清	0.01
甲萘威	0.05
2，4－D	0.1

A.2 畜禽饮用水中农药限量检验方法如下：

A.2.1　马拉硫磷按 GB/T 13192 执行。

A.2.2　内吸磷参照《农药污染物残留分析方法汇编》中的方法执行。

A.2.3　甲基对硫磷按 GB/T 13192 执行。

A.2.4　对硫磷按 GB/T 13192 执行。

A.2.5　乐果按 GB/T 13192 执行。

A.2.6　林丹按 GB/T 7492 执行。

A.2.7　百菌清参照 GB 14878 执行。

A.2.8　甲萘威（西维因）参照 GB/T 17331 执行。

A.2.9　2，4－D参照《农药分析》中的方法执行。

附　录　B
（资料性附录）
参考文献

B.1　张乔，农药污染物残留分析方法汇编［M］，北京：化学工业出版社，1990.141～144

B.2　中国农业科学院植物保护研究所等，农药分析［M］，北京：化学工业出版社，1990.479～484

中华人民共和国农业行业标准

无公害食品　生鲜牛乳

NY 5045—2001

前　言

本标准中的“4.4 卫生要求”、“4.5 微生物要求”、“4.6 掺假项目”为强制性条文；其余条文是推荐性条文。

本标准由中华人民共和国农业部提出。

本标准起草单位：农业部食品质量监督检验测试中心（上海）。

本标准主要起草人：郭本恒、钱莉、张春林、郑隽。

1　范围

本标准规定了无公害食品生鲜牛乳的术语、技术要求、试验方法、检验规则、贮存、运输。

本标准适用于饲养环境无污染，使用无公害饲料饲养的健康母牛产出的天然乳汁。

2　规范性引用文件

下列文件中的条款通过本标准的引用而成为本标准的条款。凡是注日期的引用文件，其随后所有的修改单（不包括勘误的内容）或修订版均不适用于本标准，然而，鼓励根据本标准达成协议的各方研究是否可使用这些文件的最新版

本。凡是不注日期的引用文件，其最新版本适用于本标准。

GB 4789.2　食品卫生微生物学检验　菌落总数测定

GB 4789.18　食品卫生微生物学检验　乳与乳制品检验

GB/T 5009.11　食品中总砷的测定方法

GB/T 5009.12　食品中铅的测定方法

GB/T 5009.17　食品中总汞的测定方法

GB/T 5009.19　食品中六六六、滴滴涕残留量的测定方法

GB/T 5009.20　食品中有机磷农药残留量的测定方法

GB/T 5009.24　食品中黄曲霉毒素 M_1 和 B_1 的测定方法

GB/T 5009.36　粮食卫生标准的分析方法

GB/T 5409　1985　牛乳检验方法

GB/T 5413.1　婴幼儿配方食品和乳粉　蛋白质的测定

GB/T 5413.30　乳与乳粉　杂质度的测定

GB/T 5413.32　乳粉　硝酸盐、亚硝酸盐的测定

GB/T 14876　食品中甲胺磷和乙酰甲胺磷农药残留量的测定方法

GB/T 14962　食品中铬的测定方法

NY/T 5049　奶牛饲养管理准则

3　基本要求

生产无公害生鲜牛乳的奶牛饲养管理方式应符合 NY/T 5049要求。

4　技术要求

4.1　生鲜牛乳产地环境要求

应符合无公害食品产地的环境标准。

4.2 感官要求

应符合表1规定。

表1 感官要求

项　目	指　标
色泽	呈乳白色或稍带微黄色
组织状态	呈均匀有胶态流体，无沉淀，无凝块，无肉眼可见杂质和其他异物
滋味与气味	具有新鲜牛乳固有的香味，无其他异味

4.3 理化要求

应符合表2规定。

表2 理化要求

项　目		指　标
相对密度 d_4^{20}		1.028～1.032
脂肪,%	⩾	3.2
蛋白质,%	⩾	3.0
非脂乳固体,%	⩾	8.3
酸度,°T	⩽	18.0
杂质度，mg/kg	⩽	4

4.4 卫生要求

应符合表3规定。

表3 卫生要求

项　目		指　标
汞（以Hg计），mg/kg	⩽	0.01
砷（以As计），mg/kg	⩽	0.2
铅（以Pb计），mg/kg	⩽	0.05

（续）

项　目		指　标
铬（以 Cr^{60} 计），mg/kg	≤	0.3
硝酸盐（以 $NaNO_3$ 计），mg/kg	≤	8.0
亚硝酸盐（以 $NaNO_2$ 计），mg/kg	≤	0.2
六六六，mg/kg	≤	0.05
滴滴涕，mg/kg	≤	0.02
黄曲霉毒素 M_1，μg/kg	≤	0.2
抗生素		不得检出
马拉硫磷，mg/kg	≤	0.1
倍硫磷，mg/kg	≤	0.01
甲胺磷，mg/kg	≤	0.2

4.5　微生物要求

应符合表 4 规定。

表 4　微生物要求

项　目		指　标
菌落总数，cfu/mL	≤	500 000

4.6　掺假项目

不得在生鲜牛乳中掺入碱性物质、淀粉、食盐、蔗糖等非乳物质。

5　检验方法

5.1　感官检验

5.1.1　色泽和组织状态：取适量试样于 50mL 烧杯中，在自然光下观察色泽和组织状态。

5.1.2　滋味和气味：取适量试样于 50mL 烧杯中，先闻气味，然后用温开水漱口，再品尝样品的滋味。

5.2 理化检验

5.2.1 密度：按 GB/T 5409 检验。

5.2.2 脂肪：按 GB/T 5409 检验。

5.2.3 蛋白质：按 GB/T 5413.1 检验。

5.2.4 非脂乳固体：按 GB/T 5409 检验。

5.2.5 酸度：按 GB/T 5409 检验。

5.2.6 杂质度：按 GB/T 5413.30 检验。

5.3 卫生检验

5.3.1 汞：按 GB/T 5009.17 检验。

5.3.2 砷：按 GB/T 5009.11 检验。

5.3.3 铅：按 GB/T 5009.12 检验。

5.3.4 铬：按 GB/T 14962 检验。

5.3.5 硝酸盐、亚硝酸盐：按 GB/T 5413.32 检验。

5.3.6 六六六、滴滴涕：按 GB/T 5009.19 检验。

5.3.7 黄曲霉毒素 M_1：按 GB/T 5009.24 检验。

5.3.8 抗生素：按 GB/T 5409 检验。

5.3.9 马拉硫磷：按 GB/T 5009.36 检验。

5.3.10 倍硫磷：按 GB/T 5009.20 检验。

5.3.11 甲胺磷：按 GB/T 14876 检验。

5.4 微生物检验

菌落总数：按 GB 4789.2 和 GB 4789.18 检验。

5.5 掺假检验

5.5.1 碱性物质：按 GB/T 5409—1985 中 2.8 检验。

5.5.2 淀粉：按 GB/T 5409—1985 中 2.11 检验。

5.5.3 食盐：按 GB/T 5409—1985 中 2.6.1.2 检验。

5.5.4 蔗糖：按 GB/T 5409—1985 中 2.10 检验。

6 检验规则

6.1 组批规则

以同一天，装载在同一贮存或运输器具中的产品为一组批。

6.2 抽样方法

在贮存容器内搅拌均匀后、或在运输器具内搅拌均匀后从顶部、中部、底部等量随机抽取，或在运输器具出料时连续等量抽取，混合成4L样品供交收检验，或8L样品供型式检验。

6.3 型式检验

型式检验是对产品进行全面考核，即检验技术要求中全部项目。在下列情况之一时应进行型式检验：

a）新建牧场首次投产运行时；

b）正式生产后，牛乳发生质量问题时；

c）乳牛饲料的组成发生变更或用量调整时；

d）牧场长期停产后，恢复生产时；

e）交收检验与上次例行检验有较大差异时；

f）国家质量监督机构提出进行例行检验的要求时。

6.4 交收检验

交收检验的项目包括感官、理化要求、微生物要求、掺假的全部项目，为交收双方的结算依据。

6.5 判定规则

6.5.1 在型式检验中卫生要求有一项指标检验不合格，则该牧场应进行整改，经整改复查合格，则判为合格产品，否则判为不合格产品。

6.5.2 在交收检验项目中，有一项掺假项目指标被检出，则该批产品判为不合格产品。

7 盛装、贮存和运输

7.1 生鲜牛乳的盛装应采用表面光滑的不锈钢制成的桶和贮奶罐或由食品级塑料制成的存乳容器。

7.2 应采取机械化挤奶、管道输送，用奶槽车运往加工厂，从挤奶产出至用于加工前不超过24h，乳温应保持6℃以下。

7.3 生鲜牛乳的运输应使用奶槽车。

7.4 所有的存乳和储存容器使用后应及时清洗和消毒。

中华人民共和国农业行业标准

无公害食品 奶牛饲养兽医防疫准则

NY 5047—2001

前言

本标准由中华人民共和国农业部提出。

本标准起草单位：农业部动物及动物产品卫生质量监督检验测试中心。

本标准主要起草人：郑增忍、曲志娜、张衍海、康达、黄广扬、郭福生、刘爽。

1 范围

本标准规定了生产无公害食品的奶牛场在疫病的预防、监测、控制和扑灭方面的兽医防疫准则。

本标准适用于生产无公害食品奶牛场的卫生防疫。

2 规范性引用文件

下列文件中的条款通过本标准的引用而成为本标准的条款。凡是注日期的引用文件，其随后所有的修改单（不包括勘误的内容）或修订版均不适用于本标准，然而，鼓励根据本标准达成协议的各方研究是否可使用这些文件的最新版

本。凡是不注日期的引用文件，其最新版本适用本标准。

GB 16568　奶牛场卫生及检疫规范

GB/T 16569　畜禽产品消毒规范

NY/T 388　畜禽场环境质量标准

NY 5027　无公害食品　畜禽饮用水水质

NY 5046　无公害食品　奶牛饲养兽药使用准则

NY 5048　无公害食品　奶牛饲养饲料使用准则

NY/T 5049　无公害食品　奶牛饲养管理准则

中华人民共和国动物防疫法

3　术语和定义

下列术语和定义适用于本标准。

3.1　动物疫病 animal epidemic disease

动物的传染病和寄生虫病。

3.2　病原体 pathogen

能引起疾病的生物体，包括寄生虫和致病微生物。

3.3　动物防疫 animal epidemic prevention

动物疫病的预防、控制、扑灭和动物、动物产品的检疫。

4　疫病预防

4.1　环境卫生条件

奶牛场的环境卫生质量应符合 NY/T 388 规定的要求。

4.2　奶牛场的卫生条件

4.2.1　具有清洁、无污染的水源，应符合 NY 5027 规定的要求。

4.2.2　奶牛场应设管理和生活区、生产和饲养区、生产辅助区、畜粪堆贮区和病牛隔离区，各区应相互隔离。运送饲料和生奶的道路与装运牛粪的道路应分设，并尽可能减少交叉点。

4.2.3 非生产人员一般不允许进入生产区。特殊情况下，非生产人员需经淋浴消毒后方可入场，并遵守场内的一切防疫制度。

4.2.4 应按照 NY/T 5049 规定的要求建立规范的消毒方法。

4.2.5 奶牛场内不准屠宰和解剖牛只。

4.2.6 不从有牛海绵状脑病的国家引进牛只；外来或购入的奶牛需有兽医检疫部门的检疫合格证，并经隔离观察和检疫后，确认无传染病时方可并群饲养。

4.2.7 挤奶人员须经奶牛泌乳生理和挤奶操作工艺的培训合格后才能上岗操作。

除上述规定外，奶牛场的选址、布局、设施及其卫生要求、工作人员健康卫生要求、生奶存放及运输卫生要求、防疫卫生等应符合 GB 16568 及 NY/T 5049 规定的要求。

4.3 饲料、饲料添加剂和兽药的要求

4.3.1 饲料和饲料添加剂的使用应符合 NY 5048 规定的要求，禁止饲喂反刍动物源性肉骨粉。

4.3.2 兽药的使用应符合 NY 5046 规定的要求。

4.4 饲养管理要求

奶牛场的饲养管理应符合 NY/T 5049 规定的要求。

4.5 免疫接种

奶牛场应根据《中华人民共和国动物防疫法》及其配套法规的要求，结合当地实际情况，有选择地进行疫病的预防接种工作，并注意选择适宜的疫苗、免疫程序和免疫方法。

5 疫病监测

5.1 奶牛场应依照《中华人民共和国动物防疫法》及其配套法规的要求，结合当地实际情况，制定疫病监测方案。

5.2 奶牛场常规监测的疾病至少应包括：口蹄疫、蓝舌病、炭疽、牛白血病、结核病、布鲁氏菌病。同时需注意监测我国已扑灭的疫病和外来病的传入，如牛瘟、牛传染性胸膜肺炎、牛海绵状脑病等。

除上述疫病外，还应根据当地实际情况，选择其他一些必要的疫病进行监测。

5.3 母牛在干乳前15天作隐性乳腺炎检验，在干乳时用有效的抗菌制剂封闭治疗。

5.4 根据当地实际情况由动物疫病监测机构定期或不定期进行必要的疫病监督抽查，并将抽查结果报告当地畜牧兽医行政管理部门。

6 疫病控制和扑灭

奶牛场发生疫病或怀疑发生疫病时，应依据《中华人民共和国动物防疫法》及时采取以下措施：

6.1 驻场兽医应及时进行诊断，并尽快向当地畜牧兽医行政管理部门报告疫情。

6.2 确诊发生口蹄疫、牛瘟、牛传染性胸膜肺炎时，奶牛场应配合当地畜牧兽医管理部门，对牛群实施严格的隔离、扑杀措施；发生牛海绵状脑病时，除了对牛群实施严格的隔离、扑杀措施外，还需追踪调查病牛的亲代和子代；发生炭疽时，只扑杀病牛；发生蓝舌病、牛白血病、结核病、布鲁氏菌病等疫病时，应对牛群实施清群和净化措施；全场进行彻底的清洗消毒，病死或淘汰牛的尸体按 GB 16548 进行无害化处理，消毒按 GB/T 16569 进行。

7 记录

每群奶牛都应有相关的资料记录，其内容包括：奶牛来源，饲料消耗情况，发病率、死亡率及发病死亡原因，无害化处理情况，实验室检查及其结果，用药及免疫接种情况。所有记录应在清群后保存两年以上。

中华人民共和国农业行业标准

无公害食品
奶牛饲养饲料使用准则

NY 5048—2001

前　言

本标准由中华人民共和国农业部提出。

本标准起草单位：上海光明乳业股份有限公司。

本标准主要起草人：王光文、边四辈、马玉敏、范占炼、刘宵玲、陆耀华、陈小弟、董德宽。

1　范围

本标准规定了生产无公害生鲜牛奶所需的奶牛饲料质量要求、试验方法、检测规则、标签、包装、贮存、运输及使用原则和奶牛饮用水质量标准。

本标准适用于饲养奶牛以及生产经营奶牛饲料的单位。

2　规范性引用文件

下列文件中的条款通过本标准的引用而成为本标准的条款。凡是注日期的引用文件，其随后所有的修改单（不包括勘误的内容）或修订版均不适用于本标准，然而，鼓励根据本标准达成协议的各方研究是否可使用这些文件的最新版本。凡是不注日期的引用文件，其最新版本适用于本标准。

GB 4285 农药安全使用标准

GB/T 8381　饲料中黄曲霉素 B_1 的测定方法

GB 10648　饲料标签

GB 13078　饲料卫生标准

GB/T 13079　饲料中总砷的测定方法

GB/T 13080　饲料中铅的测定方法

GB/T 13081　饲料中汞的测定方法

GB/T 13082　饲料中的镉测定方法

GB/T 13083　饲料中氟的测定方法

GB/T 13085　饲料中亚硝酸盐的测定方法

GB/T 13090　饲料中六六六、滴滴涕的测定方法

GB/T 13091　饲料中沙门氏菌的检验方法

GB/T 13092　饲料中霉菌的检验方法

GB/T 13882　饲料中碘的测定方法　硫氰酸铁 - 亚硝酸催化动力学法

GB/T 13883　饲料中硒的测定方法　2，3 - 二氨基萘荧光法

GB/T 14699　饲料采样方法

GB/T 16764　配合饲料企业卫生规范

GB/T 17480　饲料中黄曲霉素 B_1 的测定方法　酶联免疫法

饲料和饲料添加剂管理条例

允许使用的饲料添加剂品种目录

农业转基因生物安全管理条例

青贮饲料质量评定标准

3 术语和定义

下列术语和定义适用于本标准。

3.1 饲料 feed

经工业化加工、制作的供动物食用的饲料，包括单一饲料、添加剂预混合饲料、浓缩饲料、配合饲料和精料补充料。

3.2 饲料原料 feedstuff，single feed

除饲料添加剂以外的用于生产配合饲料和浓缩饲料的单一饲料成分，包括饲用谷物、粮食加工副产品、油脂工业副产品、发酵工业副产品、动物性蛋白质饲料、饲用油脂等。

3.3 饲料添加剂 feed additive

在饲料加工、制作、使用过程中添加的少量或者微量物质，包括营养性饲料添加剂和一般饲料添加剂。

3.4 营养性饲料添加剂 nutritive feed additive

用于补充饲料营养成分的少量或者微量物质，包括饲料级氨基酸、维生素、矿物质微量元素、酶制剂、非蛋白氮等。

3.5 一般性饲料添加剂 general feed additive

为保证或者改善饲料品质、提高饲料利用率而掺入饲料中的少量或者微量物质。

3.6 精饲料 concentrate

容积重大、纤维成分含量低（干物质中粗纤维含量小于18%）、可消化养分含量高的饲料。主要有禾科籽实、豆科籽实、饼粕类、糖麸类、草籽树实类、淀粉质的块根、块茎瓜果类（薯类、甜菜）、工业副产品类（玉米淀粉渣、DDGS、啤酒糟粕等）、酵母类、油脂类、棉籽等饲料原料和由多种饲料原料按一定比例配制的奶牛精料补充料。

3.7 粗饲料 roughage

容积重小、纤维成分含量高、可消化养分含量低的饲料。主要有牧草与野草、青贮料类、农副产品类（包括藤、蔓、秸、秧、荚、壳）及干物质中粗纤维含量大于等于18%的糟渣类、树叶类和非淀粉质的块根、块茎类。

3.8 矿物质饲料 mineral feeds

主要有钙、磷（碳酸钙、磷酸氢钙等）和盐等。

4 要求

4.1 饲料原料

4.1.1 感官要求：应具有一定的新鲜度，具有该品种应有的色、嗅、味和组织形态特征，无发霉、变质、结块、异味及异嗅。

4.1.2 饲料原料中有害物质及微生物允许量应符合 GB 13078 的要求。

4.1.3 饲料原料中含有饲料添加剂的应做相应说明。

4.2 饲料添加剂

4.2.1 感官要求：应具有该品种应有的色、嗅、味和形态特征，无发霉、变质、异味及异嗅。

4.2.2 有害物质及微生物允许量应符合 GB 13078 及相关标准的要求。

4.2.3 饲料中使用的营养性饲料添加剂和一般性饲料添加剂产品应是《允许使用的饲料添加剂品种目录》所规定的产品，或取得试生产产品批准文号的新饲料添加剂品种。

4.2.4 饲料添加剂产品的使用应遵照产品说明书所规定的用法、用量使用。

4.3 配合饲料、浓缩饲料和添加剂预混合饲料

4.3.1 感官要求：应色泽一致，无发酵霉变、结块、异味及异嗅。

4.3.2 有害物质及微生物允许量应符合 GB 13078 及相关标准的要求。

4.3.3 奶牛配合饲料、浓缩饲料和添加剂混合饲料中不应使用任何药物。

4.4 饲料加工过程

4.4.1 饲料企业的工厂设计与设施卫生、工厂卫生管理和生产过程的卫生应符合 GB/T 16764 的要求。

4.4.2 配料

4.4.2.1 定期对计量设备进行检验和正常维护，以确保其精确性和稳定性，其误差不应大于规定范围。

4.4.2.2 微量和极微量组分应进行预稀释，并且应在专门的配料室内进行。

4.4.2.3 配料室应有专人管理，保持卫生整洁。

4.5 混合

4.5.1 混合时间，按设备性能不应少于规定时间。

4.5.2 混合工序投料应按先大量、后小量的原则进行。投入的微量组分应将其稀释到配料称最大称量的 5%以上。

4.6 留样

4.6.1 新接受的饲料原料和各个批次生产的饲料产品均应保留样品。样品密封后留置专用样品室或样品柜内保存。样品室和样品柜应保持阴凉、干燥。采样方法按 GB/T 14699 执行。

4.6.2 留样应设标签，载明饲料品种、生产日期、批次、生产负责人和采样人等事项，并建立档案由专人负责

保管。

4.6.3 样品应保留至该批产品保质期满后 3 个月。

5 饲料检测方法

5.1 饲料采样方法按 GB/T 14699 执行。

5.2 砷按 GB/T 13079 执行。

5.3 铅按 GB/T 13080 执行。

5.4 汞按 GB/T 13081 执行。

5.5 镉按 GB/T 13082 执行。

5.6 氟按 GB/T 13083 执行。

5.7 六六六、滴滴涕按 GB/T 13090 执行。

5.8 沙门氏菌按 GB/T 13091 执行。

5.9 霉菌按 GB/T 13092 执行。

5.10 黄曲霉毒素 B_1 按 GB/T 8381 执行。

6 检验规则

6.1 感官要求、粗蛋白质、钙和总磷含量为出厂检验项目，其余为型式检验项目。

6.2 在保证产品质量的前提下，生产厂可根据工艺、设备、配方、原料等的变化情况，自行确定出厂检验的批量。

6.3 试验测定值的双试验相对偏差按相应标准规定执行。

6.4 检测与仲裁判定各项指标合格与否时，应考虑允许误差。

7 标签、包装、贮存和运输

7.1 标签

商品饲料应在包装物上附有饲料标签，标签应符合

GB 10648 中的有关规定。

7.2 包装

7.2.1 饲料包装应完整，无漏洞，无污染和异味。

7.2.2 包装材料应符合 GB/T 16764 的要求。

7.2.3 包装印刷油墨无毒，不应向内容物渗漏。

7.2.4 包装物的重复使用应遵守《饲料和饲料添加剂管理条例》的有关规定。

7.3 贮存

7.3.1 饲料的贮存应符合 GB/T 16764 的要求。

7.3.2 不合格和变质饲料应做无害化处理，不应存放在饲料贮存场所内。

7.3.3 饲料贮存场地不应使用化学灭鼠药和杀鸟剂。

7.3.4 干草类及秸秆类贮存时，水分含量应低于 15%，防止日晒、雨淋、霉变。

7.3.5 青绿饲料与野草类、块根、块茎、瓜果类应堆放在棚内，堆宽不宜超过 2m，堆高不宜超过 1m，堆放时间不宜过长，防止日晒、雨淋、发芽霉变。

7.4 运输

7.4.1 运输工具应符合 GB/T 16764 的要求。

7.4.2 运输作业应防止污染，保持包装的完整。

7.4.3 不应使用运输畜禽等动物的车辆运输饲料产品。

7.4.4 饲料运输工具和装卸场地应定期清洗和消毒。

8 其他有关使用饲料和饲料添加剂的原则与规定

8.1 不应使用未取得产品进口登记证的境外饲料和饲料添加剂。

8.2 不应在饲料中使用违禁的药物或饲料添加剂。

8.3 禁止在奶牛饲料中添加和使用肉骨粉、骨粉、血粉、血浆粉、动物下脚料、动物脂粉、干血浆及其他血液制品、脱水蛋白、蹄粉、角粉、鸡杂碎粉、羽毛粉、油渣、鱼粉、骨胶等动物源性饲料。

8.4 根据奶牛营养需要合理投料、合理使用微量元素添加剂，尽量降低粪尿、甲烷的排出量，减少氮、磷、锌、铜的排出量，降低对环境的污染。

8.5 所使用的工业副产品饲料应来自生产绿色食品和无公害食品的副产品。

8.6 严格执行《饲料和饲料添加剂管理条例》有关规定。

8.7 严格执行《农业转基因生物安全管理条例》有关规定。

8.8 栽培饲料作物的农药使用按 GB 4285 规定执行。

8.9 青贮饲料的制作、贮存按《青贮饲料质量评定标准》规定执行。

中华人民共和国农业行业标准

无公害食品
奶牛饲养管理准则

NY/T 5049—2001

前　言

本标准由中华人民共和国农业部提出。

本标准主要起草单位：北京奶牛中心。

本标准主要起草人：赵凤茹、王光文、刘壮。

1　范围

本标准规定了无公害牛奶生产过程中引种、环境、饲养、消毒、用药、防疫、牛奶收集和废弃物处理各环节应遵循的准则。

本标准适用于所有奶牛养殖场无公害牛奶生产的饲养与管理。

2　规范性引用文件

下列文件中的条款通过本标准的引用而成为本标准的条款。凡是注日期的引用文件，其随后所有的修改单（不包括勘误的内容）或修订版均不适用于本标准，然而，鼓励根据本标准达成协议的各方研究是否可使用这些文件的最新版

本。凡是不注日期的引用文件，其最新版本适用于本标准。

GB 16548　畜禽病害肉尸及其产品无害化处理规程

GB 16567　种畜禽调运检疫技术规范

NY/T 388　畜禽场环境质量标准

NY 5027　无公害食品　畜禽饮用水水质

NY 5045　无公害食品　生鲜牛乳

NY 5046　无公害食品　奶牛饲养兽药使用准则

NY 5047　无公害食品　奶牛饲养兽医防疫准则

NY 5048　无公害食品　奶牛饲养饲料使用准则

奶牛营养需要和饲养标准（第二版）

3　术语和定义

下列术语和定义适用于标准。

3.1　**净道 non - pollution road**

牛群周转、饲养员行走、场内运送饲料、奶车出入的专用道路。

3.2　**污道 pollution road**

粪便等废弃物、淘汰牛出场的道路。

3.3　**牛场废弃物 cattle farm waste**

主要包括牛粪、尿、死牛、褥草、过期兽药、残余疫苗、疫苗瓶和污水。

4　引种

4.1　引进种牛，应按照 GB 16567 进行检疫。

4.2　引进的种牛，隔离观察至少 30～45 天，经兽医检疫部门检查确定为健康合格后，方可供繁殖使用。

4.3　不应从疫区引进种牛。

5 牛场环境与工艺

5.1 奶牛场应建在地势平坦干燥、背风向阳、排水良好、场地水源充足、未被污染和没有发生过任何传染病的地方。

5.2 牛舍应具备良好的清粪排尿系统。

5.3 牛舍内的温度、湿度、气流（风速）和光照应满足奶牛不同饲养阶段的需求，以降低牛群发生疾病的机会。

5.4 牛舍内空气质量应符合 NY/T 388 的规定。

5.5 牛舍地面和墙壁应选用适宜材料，以便于进行彻底清洗消毒。

5.6 牛场内应分设管理区、生产区及粪污处理区，管理区和生产区应处上风向，粪污处理区应处下风向。

5.7 牛场净道和污道应分开，污道在下风向，雨水和污水应分开。

5.8 牛场周围应设绿化隔离带。

5.9 牛场排污应遵循减量化、无害化和资源化的原则。

6 饲养条件

6.1 饲料和饲料添加剂

6.1.1 饲料及添加剂的使用应符合 NY 5048 的规定。

6.1.2 奶牛的不同生长时期和生理阶段至少应达到《奶牛营养需要和饲养标准》（第二版）要求，可参考使用地方奶牛饲养规范（规程）。

6.1.3 不应在饲料中额外添加未经国家有关部门批准使用的各种化学、生物制剂及保护剂（如抗氧化剂、防霉剂）等添加剂。

6.1.4 应清除饲料中的金属异物和泥沙。

6.2 兽药使用

6.2.1 对于治疗患疾病奶牛及必须使用药物处理时，应按照 NY 5046 执行。

6.2.2 泌乳牛在正常情况下禁止使用任何药物，必须用药时，在药物残留期间的牛乳不应作为商品牛乳出售，牛乳在上市前应按规定停药，应准确计算停药时间和弃乳期。

6.2.3 不应使用未经有关部门批准使用的激素类药物（如促卵泡发育、排卵和催产等药剂）及抗生素。

6.3 防疫

牛群的免疫应符合 NY 5047 的规定。

6.4 饮水

6.4.1 场区应有足够的生产和饮用水，饮水质量应达到 NY 5027 的规定。

6.4.2 经常清洗和消毒饮水设备，避免细菌滋生。

6.4.3 若有水塔或其他贮水设施，则应有防止污染的措施，并予以定期清洗和消毒。

7 卫生消毒

7.1 消毒剂

消毒剂应选择对人、奶牛和环境比较安全、没有残留毒性，对设备没有破坏和在牛体内不应产生有害积累的消毒剂。可选用的消毒剂有：石炭酸（酚）、煤酚、双酚类、次氯酸盐、有机碘混合物（碘附）、过氧乙酸、生石灰、氢氧化钠（火碱）、高锰酸钾、硫酸铜、新洁尔灭、松油、酒精和来苏儿等。

7.2 消毒方法

7.2.1 喷雾消毒　用一定浓度的次氯酸盐、有机碘混合物、过氧乙酸、新洁尔灭、煤酚等，用喷雾装置进行喷雾消毒，主要用于牛舍清洗完毕后的喷洒消毒、带牛环境消毒、牛场道路周围和进入场区的车辆。

7.2.2 浸液消毒 用一定浓度的新洁尔灭、有机碘混合物或煤酚的水溶液，进行洗手、洗工作服或胶靴。

7.2.3 紫外线消毒 对人员入口处常设紫外线灯照射，以起到杀菌效果。

7.2.4 喷撒消毒 在牛舍周围、入口、产床和牛床下面撒生石灰或火碱杀死细菌或病毒。

7.2.5 热水消毒 用35℃～46℃温水及70℃～75℃的热碱水清洗挤奶机器管道，以除去管道内的残留矿物质。

7.3 消毒制度

7.3.1 环境消毒 牛舍周围环境（包括运动场）每周用2%火碱消毒或撒生石灰1次；场周围及场内污水池、排粪坑和下水道出口，每月用漂白粉消毒1次。在大门口和牛舍入口设消毒池，使用2%火碱或煤酚溶液。

7.3.2 人员消毒

7.3.2.1 工作人员进入生产区应更衣和紫外线消毒，工作服不应穿出场外。

7.3.2.2 外来参观者进入场区参观应彻底消毒，更换场区工作服和工作鞋，并遵守场内防疫制度。

7.3.3 牛舍消毒 牛舍在每班牛只下槽后应彻底清扫干净，定期用高压水枪冲洗，并进行喷雾消毒或熏蒸消毒。

7.3.4 用具消毒 定期对饲喂用具、料槽和饲料车等进行消毒，可用0.1%新洁尔灭或0.2%～0.5%过氧乙酸消毒；日常用具（如兽医用具、助产用具、配种用具、挤奶设备和奶罐车等）在使用前后应进行彻底消毒和清洗。

7.3.5 带牛环境消毒 定期进行带牛环境消毒，有利于减少环境中的病原微生物。可用于带牛环境消毒的消毒药有:0.1%新洁尔灭,0.3%过氧乙酸,0.1%次氯酸钠,以减少传染病和蹄病等发生。带牛环境消毒应避免消毒剂污染到牛奶中。

7.3.6 牛体消毒 挤奶、助产、配种、注射治疗及任何对奶牛进行接触操作前,应先将牛有关部位如乳房、乳头、阴道口和后躯等进行消毒擦拭,以降低牛乳的细菌数,保证牛体健康。

8 管理

8.1 总的管理

8.1.1 奶牛场不应饲养任何其他家畜家禽,并应防止周围其他畜禽进入场区。

8.1.2 保持各生产环节的环境及用具的清洁,保证牛奶卫生。坚持刷拭牛体,防止污染乳汁。

8.1.3 成乳牛坚持定期护蹄、修蹄和浴蹄。

8.2 人员管理

牛场工作人员应定期进行健康检查,发现有传染病患者应及时调出。

8.3 饲喂管理

8.3.1 按饲养规范饲喂,不堆槽,不空槽,不喂发霉变质和冰冻的饲料。应捡出饲料中的异物,保持饲槽清洁卫生。

8.3.2 保证足够的新鲜、清洁饮水,运动场设食盐、矿物质(如矿物质舔砖等)补饲槽和饮水槽,定期清洗消毒饮水设备。

8.4 挤奶管理

8.4.1 贮奶罐、挤奶机使用前后都应清洗干净,按操作规程要求放置。

8.4.2 乳房炎病牛不应上机挤奶,上机时临时发现的乳房炎病牛不应套杯挤奶，应转入病牛群手工挤净后治疗。

8.4.3 牛奶出场前先自检，不合格者不应出场。

8.4.4 机械设备应定期检查、维修和保养。

8.5 灭蚊蝇、灭鼠

8.5.1 搞好牛舍内外环境卫生，消灭杂草和水坑等蚊蝇孳生地，定期喷洒消毒药物，或在牛场外围设诱杀点，消灭蚊蝇。

8.5.2 定期投放灭鼠药，控制啮齿动物。投放灭鼠药应定时、定点，及时收集死鼠和残余鼠药，做无害化处理。

9 病死牛及产品处理

9.1 对于非传染病及机械创伤引起的病牛只，应及时进行治疗，死牛应及时定点进行无害化处理，应符合 GB 16548 的规定。

9.2 使用药物的病牛生产的牛奶（抗生素奶）不应作为商品牛奶出售。

9.3 牛场内发生传染病后，应及时隔离病牛，病牛所产乳及死牛应作无害化处理，应符合 GB 16548 的规定。

10 牛奶盛装、贮藏和运输

应符合 NY 5045 的规定。

11 废弃物处理

11.1 场区内应于生产区的下风处设贮粪场，粪便及其他污物应有序管理。每天应及时除去牛舍内及运动场褥草、污物和粪便，并将粪便及污物运送到贮粪场。

11.2 场内应设牛粪尿、褥草和污物等处理设施，废弃物应遵循减量化、无害化和资源化的原则。

12 资料记录

12.1 繁殖记录：包括发情、配种、妊检、流产、产犊和产后监护记录。

12.2 兽医记录：包括疾病档案和防疫记录。

12.3 育种记录：包括牛只标记和谱系及有关报表记录。

12.4 生产记录：包括产奶量、乳脂率、生长发育和饲料消耗等记录。

12.5 病死牛应做好淘汰记录，出售牛只应将抄写复本随牛带走，保存好原始记录。

12.6 牛只个体记录应长期保存，以利于育种工作的进行。

绿色食品饲料及饲料添加剂使用准则

1 范围

本标准规定了生产绿色食品允许使用的饲料和饲料添加剂的使用准则以及禁止使用的饲料和饲料添加剂种类。

本标准适用于A级绿色食品的生产、管理和认定。

2 规范性引用文件

下列文件中的条款通过标准的引用而成为标准的条文。凡是注日期的引用文件，其随后所有的修改单（不包括勘误的内容）或修订版均不适用于本部分，然而，鼓励根据本标准达成协议的各方研究是否可使用这些文件的最新版本。凡是不注明日期的引用文件，其最新版本适用于标准。

GB/T10647 饲料工业通用术语

GB10648 饲料标签

GB13078 饲料卫生标准

NY/T14 高产奶牛饲养管理规范

NY/T33 鸡的饲养标准

NY/T34 奶牛饲养标准

NY/T65 瘦肉型猪饲养标准

NY/T391 绿色食品产地环境技术条件

中华人民共和国国务院令饲料和饲料添加剂管理条例

中华人民共和国农业部公告允许使用的饲料添加剂品种目录

3 术语和定义

GB/T10647 确立的以及下列术语和定义适用于标准

3.1 绿色食品

遵循可持续发展原则，按照特定生产方式生产，经专门机构认定、许可使用绿色食品标志的无污染的安全、优质、营养类食品。

3.2 A 级绿色食品

指生产地的环境质量符合 NY/T391 的要求，生产过程中严格按照绿色食品生产资料使用准则和生产操作规程要求，限量使用限定的化学合成生产资料，产品质量符合绿色食品产品标准，经专门机构认定，许可使用 A 级绿色食品标志的产品。

3.3 饲料

能提供饲养动物所需养分，保证健康，促进生产和生长，且在合理使用下不发生有害作用的可饲物质。

3.4 饲料添加剂

在饲料加工、制作、使用过程中添加的少量或者微量物质，包括营养性饲料添加剂、一般性饲料添加剂。

3.4.1 营养性饲料添加剂　用于补充饲料营养不足的添加剂。

3.4.2 一般饲料添加剂　为了保证或者改善饲料品质，促进饲养动物生产、保障饲养动物健康，提高饲料利用率而掺入饲料的少量或微量物质。

3.4.3 药物饲料添加剂 为了预防动物疾病或影响动物某种生理、生化功能，而添加到饲料中的一种或几种药物与载体或稀释剂按规定比例配制而成的均匀混合物。

3.5 绿色食品生产资料

经专门机构认定，符合绿色食品生产要求，并正式推荐用于绿色食品生产的生产资料。

4 使用准则

绿色畜产品的生产首先以改善饲养环境、善待动物、加强饲养管理为主，按照饲养标准配制配合饲料，做到营养全面，各营养素间相互平衡，所使用的饲料和饲料添加剂等生产资料必须符合《饲料卫生标准》、《饲料标签标准》，各种饲料原料标准、饲料产品标准和饲料添加剂标准的有关规定。所用饲料添加剂和添加剂预混合饲料必须来自于有生产许可证的企业，并且具有企业、行业或国家标准，产品批准文号，进口饲料和饲料添加剂产品登记证及配套的质量检验手段。同时还应遵守以下准则：

4.1 生产A级绿色食品的饲料使用准则

4.1.1 优先使用绿色食品生产资料的饲料类产品。

4.1.2 至少90%的饲料来源于已认定的绿色食品产品及其副产品，其他饲料原料可以是达到绿色食品标准的产品。

4.1.3 禁止使用转基因方法生产的饲料原料。

4.1.4 禁止使用以哺乳类动物为原料的动物性饲料产品饲喂反刍动物。

4.1.5 禁止使用工业合成的油脂。

4.1.6 禁止使用畜禽粪便。

4.2 绿色食品的饲料添加剂使用准则

4.2.1 优先使用符合绿色食品生产资料的饲料添加剂类产品。

4.2.2 所选饲料添加剂必须是《允许使用的饲料添加剂品种目录》中所列的饲料添加剂和允许进口的饲料添加剂品种，但附录A中所列的饲料添加剂除外。

4.2.3 禁止使用任何药物性饲料添加剂。

4.2.4 禁止使用激素类、安眠镇静类药品。

4.2.5 营养性饲料添加剂的使用量应符合NY/T14、NY/T33、NY/T34、NY/T65中所规定的营养需要量及营养安全幅度。

附录A
(规范性附录)
生产A级绿色食品禁止使用的饲料添加剂

种 类	品 种
调味剂、香料	各种人工合成的调味剂和香料
着色剂	各种人工合成的着色剂
抗氧化剂	乙氧基喹啉、二丁基羟基甲苯（BHT），丁基羟基茴香醚（BHA）
粘结剂、抗氧化剂和稳定剂	羟甲基纤维素钠、聚氧乙烯20山梨醇酐单油酸酯、聚丙烯酸树脂Ⅱ
防腐剂	苯甲酸、苯甲酸钠
非蛋白氮类	尿素、硫酸铵、液氮、磷酸氢二铵、磷酸二氢铵、缩二脲、异丁叉二脲、磷酸脲、羟甲基脲（反刍动物除外）

绿色食品兽药使用准则

1 范围

本标准规定了生产绿色食品允许使用的兽药种类、剂型、使用对象以及停药期以及禁止使用的兽药种类。本标准适用于A级绿色食品的生产、管理和认定。

2 规范性引用文件

下列文件中的条款通过本标准的引用而成为本标准的条款。凡是注明日期的引用文件，其随后所有的修改单（不包括勘误的内容）或修订版均不适用于本标准，然而，鼓励根据本标准达成协议的各方研究是否可使用这些文件的最新版本。凡是不注明日期的引用文件，其最新版本适用于标准。

NY/T 391 绿色食品产地环境技术条件

中华人民共和国兽药典　中国兽药典委员会

兽药质量标准　中华人民共和国农业部

进口兽药质量标准　中华人民共和国农业部

兽用生物制品质量标准　中华人民共和国农业部

中华人民共和国动物防疫法　中华人民共和国主席令

动物性食品中兽药最高残留限量　中华人民共和国农业部

3 术语和定义

下列术语和定义适用于本标准。

3.1 绿色食品

遵循可持续发展原则，按照特定生产方式生产，经专门机构认定，许可使用绿色食品标志的无污染的安全、优质、营养类食品。

3.2 A 级绿色食品

生产地的环境质量符合 NY/T 391 的要求，生产过程中严格按照绿色食品生产资料使用准则和生产规程要求，限量使用限定的化学合成生产资料，产品质量符合绿色食品产品标准，经专门机构认定，许可使用 A 级绿色食品标志的产品。

3.3 兽药

用于预防、治疗和诊断畜禽等动物疾病，有目的地调节其生理机能并规定作用、用途和用量的物质。包括：血清、菌（疫）苗、诊断液等生物制品；兽用的中药材、中成药、化学原料及其制剂；抗生素、生化药品、放射性药品。

3.3.1 抗寄生虫药　能够杀灭或驱除体内、体外寄生虫的兽药，其中包括中药材、中成药、化学药品、抗生素及其制剂。

3.3.2 抗菌药　能够抑制或杀死病原菌的兽药，其中包括中药材、中成药、化学药品、抗生素及其制剂。

3.3.3 消毒防腐剂　用于抑制或杀灭环境中的有害微生物、防止疾病发生和传染的兽药。

3.3.4 疫苗　由特定细菌、病毒、立克次体、螺旋体、支原体等微生物以及寄生虫制成的主动免疫制品。凡将特定细菌、病毒等微生物及寄生虫毒力致弱或采用异源毒制成的疫苗称活疫苗，用物理或化学方法将其灭活制成的疫苗称灭活疫苗。

3.4 绿色食品生产资料

经专门机构认定，符合绿色食品生产要求，并正式推荐用于绿色食品生产的生产资料。

4 使用准则

绿色食品生产者应供给动物充足的营养，提供良好的饲养环境，加强饲养管理，采取各种措施以减少应激，增强动物自身的抗病力。应严格按《中华人民共和国动物防疫法》的规定防止畜禽发病和死亡，力争不用或少用药物。畜禽疾病以预防为主，建立严格的生物安全体系。必要时，进行预防、治疗和诊断疾病所用的兽药必须符合《中华人民共和国兽药典》、《兽药质量标准》、《兽用生物制品质量标准》和《进口兽药质量标准》有关规定。所用兽药必须来自具有生产许可证的生产企业，并且具有企业、行业或国家标准，产品批准文号；或者具有《进口兽药登记许可证》。所用兽药的标签必须遵守兽药标签和使用说明书管理规定。使用兽药时还应遵循以下原则：

4.1 优先使用绿色食品生产资料的兽药产品。

4.2 允许使用消毒防腐剂对饲养环境、厩舍和器具进行消毒，但不准对动物直接施用。不能使用酚类消毒剂。

4.3 允许使用疫苗预防动物疾病。但是活疫苗应无外源病源污染，灭活疫苗的佐剂未被动物完全吸收前，该动物产品不能作为绿色食品。

4.4 允许使用钙、磷、硒、钾等补充药，酸碱平衡药，体液补充药，电解质补充药，营养药，血容量补充药，抗贫血药，维生素类药，吸附药，泻药，润滑剂，酸化剂，局部止血药，收敛药和助消化药。

4.5 允许使用附录 A 中的抗寄生虫药和抗菌药，使用中应注意以下几点：

4.5.1 严格遵守规定的作用与用途、使用对象、使用途径、使用剂量、疗程和注意事项。

4.5.2 停药期必须遵守附录 A 中规定的时间。

4.5.3 产品中的兽药残留量应符合《动物性食品中兽药最高残留限量》规定。认证标准并抽检产品中的兽药残留量。

4.6 建立并保持患病动物的治疗记录，包括患病家畜的畜号或其他标志、发病时间及症状、治疗用药的经过、治疗时间、疗程、所用药物的商品名称及主要成分。

4.7 禁止使用有致畸、致癌、致突变作用的兽药。

4.8 禁止在饲料中添加兽药。

4.9 禁止使用激素类药品。

4.10 禁止使用安眠镇静药，中枢兴奋药，镇痛药，解热镇痛药，麻醉药，肌肉松弛药，化学保定药，巴比妥类药等用于调节神经系统机能的兽药。

4.11 禁止使用基因工程兽药。

附录 A（规范性附录）

生产 A 级绿色食品允许使用的抗寄生虫和抗菌化学药品和抗生素

<table>
<tr><th>类别</th><th>药名</th><th>剂型</th><th>途径</th><th>动物</th><th>剂　量</th><th>停药期</th></tr>
<tr><td rowspan="6">抗寄生虫药</td><td rowspan="2">阿苯达唑</td><td rowspan="2">片剂</td><td rowspan="2">口服</td><td>牛</td><td>10～15mg/kg</td><td>17天,产奶不用</td></tr>
<tr><td>羊</td><td>10mg/kg</td><td>10天,产奶不用</td></tr>
<tr><td>地克珠利</td><td>溶液</td><td>饮水</td><td>鸡</td><td>0.5～1mg/L</td><td>5天</td></tr>
<tr><td rowspan="3">芬苯哒唑</td><td>片剂</td><td>口服</td><td>牛</td><td>5～7.5mg/kg</td><td>28天，奶4天</td></tr>
<tr><td rowspan="2">粉剂</td><td rowspan="2">口服</td><td>羊</td><td>5～7.5mg/kg</td><td>21天,产奶禁用</td></tr>
<tr><td>猪</td><td>5～7.5mg/kg</td><td>7天</td></tr>
</table>

（续）

类别	药名	剂型	途径	动物	剂　量	停药期
抗寄生虫药	伊维菌素	注射液	皮下	牛	0.2mg/kg	35天，产奶禁用
				羊	0.2mg/kg	42天，产奶禁用
				猪	0.3mg/kg	28 天
		浇泼剂	外用	牛	0.5mg/kg	2 天，产奶禁用
	左旋咪唑	片剂	口服	牛	7.5mg/kg	3 天，产奶禁用
				羊	7.5mg/kg	3 天，产奶禁用
				猪	7.5mg/kg	3 天
		注射液	肌内	牛	7.5mg/kg	20天，产奶禁用
			皮下	羊	7.5mg/kg	38天，产奶禁用
				猪	7.5mg/kg	20 天
	奥芬达唑	片剂	口服	牛	5mg/kg	28天，产奶禁用
				羊	5～7.5mg/kg	42天，产奶禁用
				猪	4mg/kg	20 天
	盐酸氯苯胍	片剂	口服	兔	10～15mg/kg	7 天
	噻苯咪唑	粉剂	口服	牛	50～100mg/kg	3 天，奶 4 天
				羊	50～70mg/kg	30 天，奶 4 天
				猪	60～90mg/kg	30 天
抗菌药	氨苄西林	钠盐	肌内静脉	牛	5～10mg/kg	10 天，奶 2 天
		注射剂		羊		12 天，奶不用
				猪		15 天
	苄星青霉素	注射剂	肌内	牛	2～3 万单位/kg	30 天，奶 3 天
				羊	3～4 万单位/kg	14天，产奶禁用
				猪	4～5 万单位/kg	14 天
	普鲁卡因	注射剂	肌内	牛	1～2 万单位/kg	10 天，奶 3 天
	青霉素	（钠或钾）		羊	1～2 万单位/kg	9 天
				猪	2～3 万单位/kg	7 天

（续）

类别	药名	剂型	途径	动物	剂　量	停药期
抗菌药	硫酸小檗碱		口服	牛	3～5g	0天
				羊猪	0.5～1g	
		注射液	肌内	马牛	0.15～0.4g	0天
				羊猪	0.05～0.1g	
	氯唑西林	注射剂(钠)	乳管	泌乳期牛 干乳期牛	200mg/乳室 200～500mg/乳室	10天，产奶3天 30天
	红霉素	乳糖酸注射剂	静脉	牛羊	3～5mg/kg	21天，产奶禁用
				猪		10天
		硫氰酸盐粉剂	饮水	鸡	125mg/L	5天，产蛋禁用
	庆大霉素	注射液	肌内	猪	2～4mg/kg	40天
	林可霉素	片剂	口服	猪	10mg/kg	5天
				鸡	10mg/kg	5天，产蛋禁用
		注射液	肌内	猪	10mg/kg	2天
	新霉素	可溶粉	饮水	禽	50～75mg/L	5天，产蛋禁用
	大观霉素	可溶粉	饮水	鸡	1g/L	5天，产蛋禁用
		可溶粉（+林可）	饮水	鸡	0.5～0.5g/L	5天，产蛋禁用
	泰乐菌素	可溶粉	饮水	鸡	500mg/L	1天，产蛋禁用
		酒石酸注射剂	皮下	猪禽	5～13mg/kg	14天
			肌内			

国家卫生部颁布

《乳与乳制品卫生管理办法》

第一条 为贯彻"预防为主"的方针和执行《中华人民共和国食品卫生法（试行）》，加强对乳与乳制品（以下简称乳品）的卫生管理，保证乳品卫生标准的切实执行，提高乳品质量，保障人民身体健康，特制订本办法。

第二条 本办法管理范围系指消毒牛乳、新鲜生牛乳、酸牛乳、全脂牛乳粉、淡炼乳、甜炼乳、奶油、干酪、稀奶油及其他乳与乳制品。

第三条 为了防止人畜共患病的传播及对产品的污染，乳牛应每年进行疽疫苗的预防注射，牛群每年逐头进行检疫（结核病二次，布鲁氏菌病一次）。为尽快控制和逐步消灭上述疾病，凡检出病牛必须做到隔离饲养，工作人员及用具等均须严格分开；病、健牛群所挤乳汁必须分别处理。牛群已经健化的地方，可制订较本标准高的消毒牛乳地区性规定，以促进牛群健化。

乳牛中如发生烈性传染病时，应立即向当地农业、卫生等主管部门报告，并采取有效的消毒、隔离措施，被污染的乳汁不得供食用。

第四条 乳牛场、乳品厂应制订生产卫生制度，并包括下列卫生要求。

1. 牛舍、牛体应经常保持清洁，防止污染乳汁。

2. 开始挤出的一、二把乳汁、产犊前十五天的胎乳、产犊后七天的初乳、应用抗生素期间和停药后 5 天内的乳汁、乳房炎乳及变质乳等均不得供食用。

3. 挤下的乳汁必须尽速冷却或及时加工，消毒乳、酸牛乳在发放前应置于 10℃以下冷库保藏，奶油应于－15℃以下冷库保藏，防止变质。

第五条 牛乳的消毒可根据当地情况采用低温巴氏消毒、高温瞬间消毒、简易瓶装消毒或其他经卫生主管部门认可的有效消毒方法。生牛乳禁止上市出售。

第六条 乳牛场、乳品厂应建立化验室，对每批产品进行卫生质量检验，乳制品必须做到检验合格后出厂，凡不符合卫生标准的产品，必须会同卫生主管部门共同研究处理。个体饲养乳牛必须经过检疫，领取有效证件。消毒乳的容器，必须易于洗刷和消毒，不得使用塑料制品。

第七条 凡与乳品直接接触的工具、容器及机械设备，在生产结束后要做到彻底清洗，使用前要严密消毒。包装材料应清洁无害，妥善保管。

第八条 乳汁中不得掺水，不得加入任何其他物质。乳制品中使用添加剂应符合现行的 GB 2760—81《食品添加剂使用卫生标准》。用作酸牛乳的菌种应纯良，无害。全脂乳粉、甜炼乳、奶油等的细菌总数及大肠菌群最近似数超过标准时，经消毒后可供食品加工用，且应有包装，标明。乳品商标必须与内容相符，严禁伪造和冒充。

第九条 乳品的包装必须严密完整，并须注明品名、厂名、生产日期、批号、保存期限及食用方法。

第十条 为了加强食品卫生管理，卫生部门有权向生产，销售等有关单位，无偿采取样品，以备检验，并给予正式收据。

图书在版编目（CIP）数据

建设绿色奶源基地/李易方编．—北京：中国农业出版社，2006.6（2007.4 重印）
（建设社会主义新农村书系）
ISBN 978－7－109－11003－8

Ⅰ.建…　Ⅱ.李…　Ⅲ.乳牛－饲养管理－无污染技术
Ⅳ.S823.9

中国版本图书馆 CIP 数据核字（2006）第 048457 号

中国农业出版社
农村读物出版社 出版
（北京市朝阳区农展馆北路 2 号）
（邮政编码 100125）
责任编辑　李红枫

中国农业出版社印刷厂印刷　　新华书店北京发行所发行
2006 年 6 月第 1 版　　2010 年 1 月北京第 3 次印刷

开本：787mm×1092mm　1/32　　印张：7.75
字数：160 千字
定价：8.70 元